미대엄마와 함께하는
초간단
미술놀이

미대엄마와 함께하는

초간단 미술놀이

엄마표

최미연(미대엄마) 지음

로그인

저자의 말

미술이 주는 따뜻한 힘을
아이와 함께 느껴 보세요

'행복한 엄마가 행복한 아이를 만든다.'라는 말이 있어요. 아이는 엄마를 통해 행복을 배우고 느끼기 때문입니다. 미술놀이도 마찬가지예요. 사실 아이와 미술을 통해 놀이하는 과정은 단순히 장난감을 제공하는 것보다 번거롭습니다. 재료를 준비하고, 놀이를 통해 느낀 점을 아이와 이야기하고, 놀이 후에는 뒷정리도 해야 하기 때문이죠. 하지만 엄마가 즐거운 마음으로 놀이 재료를 준비한다면, 그리고 이 과정을 통해 엄마도 미술에 관심과 흥미를 느낀다면 어떨까요? 아마도 아이는 더 신나게 놀이하고, 놀이로 더 많은 것을 얻을 수 있을 거예요. 저는 부디 아이와 함께하는 미술놀이 시간이, 아이만 재미있는 시간이 아니라 엄마에게도 작은 행복의 시간이 되었으면 합니다.

아이들의 정서 안정과
창의력 발달에 도움을 주는 미술놀이

아이들은 잠자는 시간 이외에는 대부분 놀이를 하며 하루를 보내요. 따라서 어떤 놀이를 하느냐가, 그 아이가 어떤 사람으로 자라날지 결정한다 해도 과언이 아닙니다. 수동적으로 받아들일 수밖에 없는 미디어들과 시간을 보내는 아이와, 능동적으로 무언가 만들고 탐색하며 시간을 보내는 아이. 지금 당장은 큰 차이가 없을지라도 성인이 되었을 때 분명한 차이가 생깁니다.

인공지능 기술이 점차 일상의 한 부분이 되어 가면서, 우리 아이들이 살아갈 세상은 기계로 대체될 수 없는 '창의력'이 지금보다 더 중요시된다고 해요. 아이들의 창의력을 길러 줄 수 있는 가장 좋은 방법이 바로 미술활동입니다. 정해진 답이 없는 미술놀이를 통해 아이들은 상상력을 마음껏 펼칠 수 있어요. 그렇게 자신의 생각을 결과물로 만들어 내는 경험을 자주 한 아이는 성인이 되어서도 창의력을 발휘하는 데 두려움이 없을 거예요.

또한 보호자와 함께 놀이하면서 애착을 형성하고, 많은 대화를 나누며 정서지능을 높일 수 있다는 점도 미술놀이의 큰 장점입니다. 엄마와 함께 이야기 나누고, 손으로 무언가를 만지고, 눈을 맞추면서 교감하는 놀이 시간. 아이가 자라는 동안 든든한 정서적 자양분이 되어 주겠죠. 미술놀이를 통해 우리 아이의 정서지능과 창의력이 쑥쑥 자라날 수 있도록 이 책을 구성한 이유입니다.

평생 기억될,
아이와의 행복한 놀이 시간

저는 미술치료학 박사 과정을 밟고 미술교육인, 미술 작가, 창의융합미술콘텐츠 제작자로 활동하고 있으며, 인스타그램에선 '미대엄마'로 8만 명의 엄마들과 소통하고 있습니다. '미술'이라는 단어만 들어도 심장이 뛸 정도로 미술을 좋아하는 사람이기도 하죠. 아이를 낳고 엄마가 되기 전에는 오직 미술에만 빠져 살았어요. 아이를 낳은 후에는 아이와의 미술놀이에 푹 빠졌고, 그 과정을 통해 미술이 아이에게 미치는 긍정적 효과를 몸소 깨닫게 되었답니다. 아이와의 미술놀이 시간이 얼마나 행복한지 누구보다 잘 알기에, 저의 경험을 많은 분들과 나누고 싶어 이 책을 내게 되었습니다. 인스타그램에 소개하는 다양한 미술놀이 중에서도 특히 준비 과정이 간단하면서 효과가 좋은 놀이들로만 엄선했어요.

아이와의 즐거운 놀이 시간은 엄마에게도 평생 추억으로 남아요. 삐뚤빼뚤한 선 하나를 그리면서도 열심히 집중하는 아이의 얼굴을 보는 순간, 별것 아닌 재료를 가지고 세상을 다 얻은 것처럼 기뻐하는 아이를 보는 순간, 엄마 얼굴을 그렸다며 어설픈 사람 형태가 그려진 그림을 가지고 왔던 순간. 그 짧은 순간들이야말로 엄마라면 누구나 영원히 잊지 못할 행복한 시간일 겁니다. 이 작은 일상의 행복들을 독자 여러분도 아이들과 함께 누려 보시길 바랍니다.

아이가 "엄마!"라고 말하기도 전부터 이 책을 쓰기 시작했는데, 이제 그 아이는 엄마를 위로할 줄 아는 귀여운 꼬마 아가씨로 훌쩍 자랐습니다. 책을 마무리하는 시간이 오니 아이에게 미안했던 순간도, 고마웠던 순간도 하나하나 떠오르네요.

이 책이 나오기까지 감사한 분들이 참 많습니다. 가장 먼저 저를 응원해 주시고 믿어 주신 우리 아맘님들! 어딘가에서 저와 같은 마음으로 아이를 키우는 랜선 육아 동지님들이 많은 힘이 되었어요. 앞으로도 이이들과의 즐거운 놀이, 엄마 아빠들의 행복한 육아를 위해 연구하고 노력하겠습니다. 그리고 이 책이 세상에 나올 수 있도록 도와주신 로그인 양선우 편집장님, 상컴퍼니 박상희 실장님, 언제나 옆에서 많은 걸 도와주는 안예나 연구원, 중앙대학교 김선두 교수님께 깊은 감사의 말씀을 드리고 싶습니다. 세상에서 가장 존경하는 부모님, 멋진 작품을 그리는 동생 혜연이, 인생의 스승이 되어 주시는 큰고모님, 이 책을 마무리할 수 있게 도와준 남편에게도 고마움을 전하고 싶습니다. 마지막으로, 하늘나라에 계신 나의 반쪽, 할머니께 이 책을 바칩니다.

미대엄마 최미연

이 책의 활용법

미리 알면, 아이와의
미술놀이에 도움이 돼요!

재료/놀이 난이도
- 대부분 집에 있는 재료를 활용하여 놀이가 가능하면 별 1개, 따로 준비할 재료가 한두 가지 있다면 별 2개, 특별히 구매해야 하는 재료가 있으면 별 3개로 구분했어요.
- 두 돌 이전의 아이들도 쉽게 할 수 있는 놀이는 별 1개, 보호자의 도움이 약간 필요한 놀이는 별 2개, 놀이 과정에서 보호자의 개입이 많이 필요한 놀이는 별 3개로 구분했어요.

놀이할 때 알아 두면 좋은 팁(tip)
직접 놀이하며 공유하고 싶었던 팁이에요. 주의 사항은 꼭 지켜 주세요.

재료
놀이에 필요한 재료들로, 1회 놀이할 분량이며 종이컵 기준의 계량으로 되어 있어요. 종이의 크기나 물감의 색, 붓의 크기 등은 가지고 있는 것들 안에서 자유롭게 사용하세요. 미술놀이를 할 때 상황이나 취향에 따라 재료를 다양하게 바꾸며 사용해 보는 것도 응용력을 기를 수 있는 방법입니다.

미대엄마의 미술육아
미술 교육자가 아닌, 엄마의 눈으로 아이를 바라보는 마음을 공유하는 이야기입니다. 독자분들도 엄마로서의 공감대를 함께 느낄 수 있을 거예요.

놀이 순서
놀이 도구와 재료를 가지고 아이와 놀이하는 단계별 과정을 사진과 함께 알려드려요.

🌸 미술놀이 준비물

기본적으로 사용할 수 있는 미술놀이 준비물로, 참고용입니다. 추가 준비물은 별도로 본문에 내용이 적혀 있습니다.

놀이매트
아이만의 놀이 공간을 분리해 주는 용도로 사용하기 좋아요. 놀이를 마친 후 청소도 쉽게 할 수 있답니다. 가장자리가 높고 잘 무너지지 않는 매트의 활용도가 높아요.

놀이트레이
지름이 50cm 정도 되는 원형 트레이가 다양한 놀이에 활용하기 좋아요. 크기가 꼭 크지 않아도 좋으니, 아이가 마음껏 놀이할 수 있도록 트레이를 준비해 주세요.

놀이가운
촉감놀이를 할 때는 아이에게 전신가운을 입히면 뒷정리하기 편해요. 움직임이 많지 않은 미술놀이를 할 때에는 앞치마와 팔 토시를 해 주면 좋아요.

스포이트
액체를 빨아들이고 옮기는 놀이를 할 수 있어서 아이들이 좋아하는 도구예요. 활용도도 높으니 하나쯤 가지고 있으면 좋아요.

플라스틱 접시, 컵
촉감놀이를 할 때에는 재료들을 담거나 옮기는 용도로 사용하며 물감놀이를 할 때에는 물통으로도 사용할 수 있어요.

핑거페인트
촉감놀이용 물감이라고 생각하시면 쉬워요. 아이가 손으로 만지는 물감이기 때문에 안전성이 입증된 물감을 사용하는 것이 가장 중요합니다.

식용색소
재료를 염색할 때 물감 대신 자주 사용하는 재료입니다. 먹을 수 있는 색소이므로 아이들이 손으로 만지거나 입에 살짝 들어가도 안전해요. 몇 가지 색상을 가지고 있으면 활용도가 높아요.

종이
종이를 담아 두는 상자에 다양한 크기와 색, 질감을 가진 종이들을 모아 두는 것을 추천해요. 다양한 종이를 제공하면 아이들의 창의력과 응용력이 높아져요. 그러니 항상 같은 크기와 색깔의 스케치북을 사용하는 것보다, 여러 종이를 탐색하도록 해 주세요. 8절 크기의 흰 종이는 기본적으로 많이 사용되기 때문에 여러 장 준비해 두시면 좋아요.

물감(아크릴, 수채화)
손으로 만지고 놀이하는 물감이 아니라 붓이나 기타 도구로 채색하는 물감입니다.
아크릴 물감: 불투명한 색이 특징이에요. 발색이 좋지만 마른 후에는 지워지지 않아요.
수채화 물감: 물과 함께 사용하면 번지는 효과가 좋은 물감이에요.

붓
손의 힘을 조절하기 힘든 어린아이들과 촉감놀이를 할 때는 모가 단단하고 짧은 붓을 제공해 주면 좋아요. 원하는 형태를 그리고 싶을 때는 부드러운 붓을, 큰 화면을 채울 때는 평붓을 사용하면 더 쉽게 채색할 수 있어요.

기타: 안전가위, 딱풀, 다양한 스티커, 사인펜, 색연필 등을 가지고 있으면 다양한 미술놀이에 활용이 가능해요.

차 례

저자의 말 + 004
이 책의 활용법 + 006

1장 촉감놀이로 우리 아이 오감 기르기

01 말랑말랑 무지개 젤리 + 014
02 쫀득쫀득 플라워 우블렉 + 016
03 알록달록 요구르트 물감 만들기 + 018
04 컬러 라이스페이퍼 놀이 + 020
05 시원한 컬러 빙수 + 022
06 알록달록 컬러 파스타 + 024
07 컬러 마카로니 소꿉놀이 + 026
08 시원한 아이스볼 놀이 + 028
09 말캉말캉 컬러 타피오카 펄 + 030
10 달콤한 코코아 흙 만들기 + 032
11 다양한 잡곡 탐색놀이 + 034
12 향기 가득 컬러 플라워 수프 + 036
13 미끌미끌 재미있는 컬러 로션 + 038
14 포슬포슬 옥수숫가루 + 040
15 공룡 발굴 탐험놀이 + 042
16 둥둥 떠다니는 폼폼 잡기 + 044
17 흔들면 바뀌는 컬러 소금 + 046
18 미끌미끌 밀가루풀 물감 + 048
19 꾸덕꾸덕 황토놀이 + 050
20 촉촉한 알로에 주방놀이 + 052

● 미대엄마가 알려 드려요!
촉감놀이, 엄마가 알아야 할 10가지 + 054

2장 자연물 미술로 정서 지능 기르기

21 예쁜 나뭇잎 도장 찍기 + 058
22 나뭇가지에 돌돌 말아 털실 감기 + 060
23 자연물과 유토로 하는 자유놀이 + 062
24 향기 나는 석고 꽃 방향제 만들기 + 064
25 기분 따라 꽂아 보는 꽃 박스 + 066
26 감성적인 자연물 컬러 팔레트 + 068
27 나만의 작은 연못 세상 + 070
28 빛을 담은 플라워 박스 + 072
29 나무 친구 만들기 + 074
30 내가 담은 휴지심 속 자연 + 076
31 반짝이는 꽃 얼음 모빌 + 078
32 꽃으로 만드는 붓 + 080
33 쪼물쪼물 온기를 담은 점토 + 082
34 투명한 나만의 그림 세상 + 084
35 바다 전시회 + 086
36 흙과 함께 자라는 아이 + 088
37 햇빛과 함께 그리는 그림자 그림 + 090
38 칙칙 신나는 컬러 스프레이 + 092
39 나무 친구 옷 그리기 + 094
40 햇빛이 보여 주는 푸른 그림 + 096

● 미대엄마가 알려 드려요!
자연 미술놀이가 아이의 정서 발달에 주는 5가지 효과 + 098

3장 즐거운 놀이로 성장 발달 높이기

41 꼬물꼬물 무지개 코인티슈 + 102
42 팡팡 마블링 달걀 껍데기 깨기 + 104
43 내 맘대로 소금 점토 + 106
44 신기한 크림 점토 만들기 + 108
45 지퍼팩 컬러 몬스터 + 110
46 쭉쭉 밀면서 그리는 그림 + 112

47 톡톡 뽁뽁이 그림 + 114
48 이쪽저쪽 데칼코마니 + 116
49 휙휙 신나는 물감 흘리기 + 118
50 신비로운 선캐처 만들기 + 120
51 냠냠 보석젤리 만들기 + 122
52 차곡차곡 색모래 유리병 + 124
53 내가 만든 홈메이드 입욕제 + 126
54 쭉쭉 컬러 슬라임 + 128
55 팡팡 터지는 색종이 폭죽 + 130
56 털실로 만드는 몬스터 가면 + 132
57 콩콩 과일 도장 찍기 + 134
58 쾅쾅 꽃잎 그림 그리기 + 136
59 구불구불 무지개 버블 + 138
60 보글보글 컬러 숨바꼭질 + 140

● 미대엄마가 알려 드려요!
엄마표 미술놀이 주의 사항 + 142

 **4장** 신기한 놀이로 호기심 기르기

61 움직이는 우유 마블링 + 146
62 빙글빙글 스핀아트 + 148
63 소금 뿌려서 그림 그리기 + 150
64 슝슝 드라이어 그림 + 152
65 차가운 얼음 물감 + 154
66 양초로 쓴 비밀 편지 + 156
67 신기한 종이 습자지 + 158
68 비밀 그림 찾아 주는 오일 + 160
69 뜨거운 크레용 놀이 + 162
70 컬러 소금 + 164
71 보글보글 거품 물감 + 166
72 코튼볼 놀이 + 168
73 내가 만드는 초간단 사탕 + 170
74 스키틀즈 무지개 + 172

75 쓱싹쓱싹 분필 만들기 + 174
76 발포 물감 만들기 + 176
77 키친타월 염색놀이 + 178
78 고체 물감 만들기 + 180
79 먹어도 안전한 소금 물감 + 182
80 폭신폭신 구름으로 컬러 놀이 + 184

● 미대엄마가 알려 드려요!
 특별한 미술놀이를 하는 5가지 방법 + 186

5장 페인팅 놀이로 창의력 높이기

81 먹과 한지로 그리는 동양화 + 190
82 내가 만든 붓으로 그리는 그림 + 192
83 소스통으로 점 그리기 + 194
84 캔버스 미술놀이 + 196
85 수성사인펜으로 그리는 수채화 + 198
86 쭈글쭈글 쿠킹랩 그림 + 200
87 초간단 스텐실 + 202
88 내가 만든 크레용 + 204
89 달걀 염색놀이 + 206
90 페이퍼 위빙 + 208
91 마블링 모빌 만들기 + 210
92 코튼볼로 그림 그리기 + 212
93 커피 여과지 스케치북 + 214
94 밀가루 물감 + 216
95 구불구불 마법 실 + 218
96 물 위에서 그리는 신기한 그림 + 220
97 콕콕 면봉 미술놀이 + 222
98 주르륵 환상적인 푸어링 + 224
99 데굴데굴 그림 + 226
100 쫀득쫀득 거품 물감 + 228

● 미대엄마가 알려 드려요!
 미대엄마 Q & A + 230

1장
촉감놀이로 우리 아이 오감 기르기

재료 ★★☆ 놀이 ★★★

01
말랑말랑 무지개 젤리

한천가루는 양갱이나 젤리를 만들 때 사용하는 재료로
아이들이 먹거나 손으로 오래 만져도 안전해서 촉감놀이에 활용하기 좋은 재료예요.
한천가루에 다양한 색을 넣어 젤리를 만들면, 부드럽고 말랑한 무지개 젤리 장난감 완성!
연령이 높은 아이들과는 한천을 녹이고 마음에 드는 몰드에 굳히는 과정도 함께할 수 있어요.
물 대신 주스나 과일즙을 넣으면 먹을 수 있는 맛있는 젤리가 되어서 아이들이 더욱 좋아한답니다.

- **재료** 물(2컵), 한천가루(1큰술), 식용색소(4~5색), 주사기, 빨대, 얼음물, 테이프, 종이컵(색소 개수대로), 냄비

tip
- □ 빨대를 입으로 불어 주면 젤리가 더 쉽게 나와요.
- □ 얼음물에 넣은 빨대를 만졌을 때 단단하면 젤리가 다 굳었으니 꺼내도 좋아요.
- □ 한천 물을 종이컵에 붓고 피규어를 넣어 굳힌 후 피규어를 찾는 놀이를 해요.
- □ 빨대 끝을 막을 땐 한천 물이 새지 않도록 테이프로 단단하게 막아 주세요. 한천가루를 많이 넣을수록 단단한 젤리가 만들어져요.

01 물 2컵, 한천가루 1큰술을 냄비에 넣고 중약불에서 저어 가며 끓여요.
02 한천가루가 모두 녹으면 종이컵에 나누어 담고 식용색소를 색깔별로 떨어트려요.
03 식용색소를 섞어서 여러 가지 색의 한천 물을 만들어요.
04 빨대 한쪽을 테이프로 막아 주세요.
05 주사기를 이용해 빨대에 한천 물을 넣어요.
06 빨대의 다른 한쪽도 테이프로 막고 얼음물에 넣어 두세요.
07 30분 정도 지나면 테이프를 떼고 빨대에서 젤리를 꺼내요.
08 완성한 젤리를 손으로 만지고 탐색해요.

먹어도 안전한 한천 젤리지만, 촉감놀이를 하면서 먹기만 하면 어쩌지? 하는 생각을 잠시 했어요. 제 우려와는 다르게 아이는 '놀이 시간'에 사용하는 재료라는 것을 아는지 입으로 가져가지 않고 눈과 손으로 탐색하며 놀이를 즐겼답니다.
'미술놀이 시간을 먼저 기다려 주고, 즐기는 과정을 스스로 만들어 나가는 네 모습을 보면서 부쩍 성장한 너를 느낀단다. 네가 자라는 과정을, 즐거운 놀이를 통해 볼 수 있어서 행복해.'

02 쫀득쫀득 플라워 우블렉

우블렉은 동화책에 나오는 끈적한 초록색 물질을 닮았다고 해서 붙여진 이름이에요.
전분가루가 가진 점탄성 때문에 뭉쳐졌다가 스르륵 풀어지는 신기한 촉감을 느낄 수 있는 재료랍니다.
우블렉에 꽃이나 자연물을 넣고 만지면서 다양한 촉감을 느껴 보세요.
아이가 좋아하는 색으로 우블렉 색깔을 바꾸며 놀이해도 좋아요.

- **재료** 전분가루(3컵), 물(1.5컵), 꽃, 놀이트레이 또는 접시
- **옵션** 식용색소 또는 물감, 놀이매트

> **tip**
> ☐ 전분가루가 호흡기에 들어가지 않도록 주의하세요.
> ☐ 작은 접시와 수저를 이용해 우블렉을 옮겨 담는 연습을 할 수 있어요.
> ☐ 다양한 자연물과 피규어를 추가하여 아이만의 스몰월드를 만들어요.
> ☐ 우블렉을 발로 밟으며 놀아요. 이때 아이가 미끄러질 수 있으니 보호자가 옆에서 지켜봐 주세요.
> ☐ 식용색소로 색을 바꾸며 놀 수 있어요. 촉감놀이를 위한 물감은 안전한 핑거페인트나 식용색소를 사용해 주세요.

01 전분가루와 꽃을 만지며 탐색해요.

02 전분가루에 물을 부어 진득한 형태로 만들어 주세요.

03 02를 접시에 붓고 식용색소를 섞어 색을 낸 후 꽃을 올려요.

04 충분히 놀이한 후 물을 추가하여 다른 질감으로 놀이해 보아요.

아이와 가장 많이 한 놀이를 꼽자면 아마 전분가루 놀이가 아닐까 싶어요. 전분가루가 가지고 있는 성질이 워낙 재미있어서 아이가 자주 찾곤 해요. 전분가루는 얼려서도 놀고, 물을 많이도 넣어 보고, 적게도 넣어 보면서, 아이와 즐겁게 놀 수 있는 최고의 재료가 아닐까 싶어요. 아이를 낳기 전에는 전분가루가 이렇게 자주 필요할지 상상도 못 했답니다!

'너와 놀이할 재료를 찾다 보면 엄마의 창의력이 높아지는 느낌이야.
네가 즐거워할 수 있는 것들을 더 많이 찾아볼게. 우리 즐겁게 살자.'

 재료 ★☆☆ 놀이 ★☆☆

03
알록달록 요구르트 물감 만들기

요구르트와 식용색소로 안전하게 가지고 놀 수 있는 물감을 만들어 보세요.
먹어도 되는 재료이므로 뭐든지 입으로 가져가는 아이들이 사용해도 안심할 수 있어요.
손이나 붓을 활용해 종이에 그림을 그리거나, 목욕 전에 욕조에서 가지고 놀아도 좋답니다.
미끄러운 손의 감촉을 충분히 느껴 보고 요구르트 물감의 색감도 관찰해요.

- **재료** 플레인 요구르트(4개), 식용색소(4색 – 빨강, 노랑, 연두, 파랑), 흰 종이(8절)
- **옵션** 밀폐용기

tip
- 밀폐용기에 담아 냉장 보관하면 2~3일간 사용할 수 있어요.
- 붓을 사용해 요구르트 물감으로 종이에 그림을 그릴 수도 있어요.
- 가지고 있는 다양한 색의 식용색소를 사용하여 물감을 만들어도 좋아요.
- 목욕 전에 욕조에서 마음껏 가지고 놀면 좋아요. 놀이할 때 음악을 틀어 주면 더 신나게 놀 수 있답니다.
- 요구르트는 매우 미끄러우니 각별히 조심해야 해요. 놀이가 끝날 때까지 보호자가 옆에서 꼭 지켜봐 주세요.
- 어린아이는 한 번에 모든 색을 섞어 버릴 수 있으니, 처음에는 한 가지 색을 탐색해 보고 난 뒤 여러 가지 색을 섞는 걸 추천해요.

01 식용색소를 섞지 않은 요구르트를 탐색해요.
02 요구르트에 식용색소를 넣고 섞어요.
03 핑거페인트처럼 손에 묻혀서 종이에 그림을 그려 보세요.

목욕 전에 욕조에서 하는 촉감놀이는 엄마의 청소 부담을 덜어 줘서 참 좋아요. 에너지를 실컷 발산하고 목욕한 후에는 아이도 더 잘 자는 것 같답니다.
'벽에도 바닥에도 몸에도 범벅하고 칠하며, 부끄러울 것이나 거리끼는 것 없이 순수하게 놀고 있는 널 보는 것만으로도, 엄마는 행복해.'

재료 ★★☆ 놀이 ★☆☆

04
컬러 라이스페이퍼 놀이

간단한 준비로 아이들이 즐겁게 놀 수 있는 컬러 라이스페이퍼 놀이를 해 볼까요?
물에 불어나면서 달라지는 라이스페이퍼의 질감을 탐색하는 놀이예요.
색소를 푼 따뜻한 물에 라이스페이퍼를 넣고, 색깔이 변하는 모습을 관찰해요.
라이스페이퍼를 찢고 만지며 손가락 힘을 기를 수 있어서 소근육 발달에도 좋답니다.

 • 재료 따뜻한 물(3컵 이상), 라이스페이퍼(여러 장), 식용색소, 놀이트레이 또는 접시

> **tip**
> ☐ 라이스페이퍼를 찢고 만지며 놀 수 있도록 도와주세요.
> ☐ 딱딱한 라이스페이퍼는 부러지면 날카로울 수 있으니 조심하세요.
> ☐ 딱딱한 라이스페이퍼에 유성매직으로 그림을 그리며 놀이할 수 있어요.
> ☐ 여러 가지 색의 라이스페이퍼를 하나의 놀이트레이에 담고 물을 더 넣어 보아요.

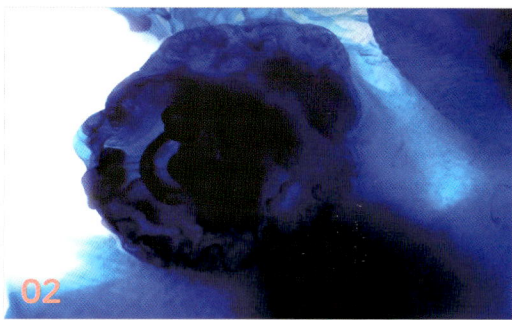

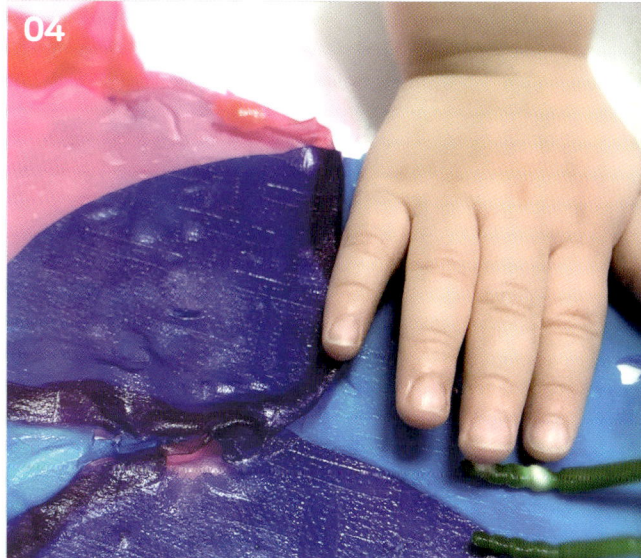

01 재료를 준비한 후 딱딱한 라이스페이퍼를 탐색해 보아요.

02 따뜻한 물을 담은 접시에 식용색소를 원하는 만큼 넣어요.

03 식용색소를 넣은 물에 라이스페이퍼를 10분 이상 담가요.

04 염색한 라이스페이퍼를 만지며 놀이해 보세요.

라이스페이퍼는 참 간단하면서 활용하기 좋은 재료예요. 엄마의 창의력을 발휘해, 라이스페이퍼처럼 주변에서 쉽게 구할 수 있고 신기한 재료들을 찾아보세요. 안전하고 재미있는 놀잇감으로 변신할 거예요.

'세상의 모든 게 얼마나 신기할까?

호기심에 반짝이는 너의 눈이, 엄마 눈에는 꼭 신비로운 우주에서 반짝이는 별 같아.'

재료 ★★☆ 놀이 ★☆☆

05
시원한 컬러 빙수

빙수기계로 얼음을 갈면 하얀 눈처럼 바삭바삭한 감촉으로 변해요.
주방놀이 도구를 사용해 얼음을 옮기고 담아 보며 손의 감각도 키울 수 있답니다.
작은 피규어들을 활용해 아이들과 이야기를 만들고 스몰월드 놀이를 해도 좋겠죠?
놀이하다 보면 색얼음이 다양한 색의 물로 바뀌는 과정도 관찰할 수 있을 거예요.

- **재료** 빙수기계, 식용색소, 얼음 몰드, 얼음, 놀이트레이 또는 접시
- **옵션** 주방놀이 도구, 동물 피규어

 ☐ 얼음 몰드에 식용색소와 물을 넣고 얼리면 색얼음이 돼요.
☐ 색얼음이 녹으며 나오는 물에 휴지를 찍어 보면 색을 관찰할 수 있어요.
☐ 피규어를 활용해 스몰월드 놀이를 하며 스토리를 만들어 보아요.
☐ 눈의 감촉과 비교하며 눈에 대한 기억을 떠올리고 함께 이야기해 보세요.
☐ 얼음을 오래 만지면 손이 차가워질 수 있으니 따뜻한 물을 준비해요. 얼음이 녹아 미끄러지는 것을 막기 위해 마른 수건도 준비해 두면 좋아요.

01 놀이 전날 얼음 몰드에 물을 넣고 얼음을 얼려 두세요.
02 빙수기계에 얼음을 넣고 갈아요.
03 놀이트레이에 갈아 둔 얼음을 깔고 색얼음으로 꾸며 봐요.
04 피규어나 꾸미기 재료를 올려도 좋아요.
05 얼음의 색과 촉감을 느껴 보며 놀이해요.

 미대엄마의 미술육아

눈 같은 빙수 얼음을 보면 기억 하나가 떠올라요.
한겨울에 추운 줄 모르고 눈사람을 만들던 아이 아빠와 아이의 코 빨개진 얼굴이요.
딸과 함께 아이처럼 놀아 주던 아이 아빠도, 눈 속에서 신나게 뛰어놀던 아이도 참 예뻐 보였어요.
빙수놀이를 하며 눈 오는 날의 즐거웠던 추억을 떠올려 보세요.
'엄마도 어릴 적 아빠와의 추억이 살아가는 데 큰 힘이 되었단다.
너도 아빠와의 소중한 이 시간들을 간직해 두었다가 힘이 필요할 때 꺼내어 쓰길.'

재료 ★★☆ 놀이 ★★☆

06
알록달록 컬러 파스타

집에 있는 파스타를 활용해 촉감놀이를 해 볼까요?
면을 삶아서 염색하면 부드럽고 기다란 장난감으로 변해요.
어린아이들이 입으로 가져가도 안전한 재료라서 안심하고 놀 수 있답니다.
가위질할 수 있는 아이들은 면을 자르면서, 짧은 선과 긴 선의 길이를 비교하는 놀이도 하면 좋아요.

• 재료 파스타 또는 소면(300g), 식용색소, 채반, 냄비, 놀이트레이 또는 접시

> **tip**
> ☐ 짧은 선과 긴 선을 찾아보면서 놀아요.
> ☐ 파스타가 없다면 소면으로 대체해도 좋아요.
> ☐ 아이가 만졌을 때 면이 뜨겁지 않도록 잘 식혀 주세요.
> ☐ 안전가위를 주고 면을 자르는 놀이를 하면서 가위질을 익혀요.
> ☐ 접시에 옮겨 담는 놀이를 하며 소근육을 발달시킬 수 있어요.

01 끓는 물에 식용색소를 몇 방울 떨어트려요.
02 냄비에 파스타 또는 소면을 넣고 10분 정도 삶아 주세요.
03 채반에 올려서 물기를 빼고 식혀요.
04 놀이트레이나 접시에 넣고 다양한 도구를 활용해서 놀이해요.

미대엄마의 미술육아

가위질하는 것이 재미있었는지 가위를 들고 다니며 뭐든 자르고 다니던 시기에 파스타 놀이를 해 주었어요. 어설프게 가위를 잡고 간신히 면을 자르는 모습을 보니 걸음마 시작할 때 어설펐던 아이의 발걸음이 떠올랐답니다.

'그래, 뭐든 처음에는 어설프고 어색하지만 결국 익숙해지고 자연스러워진단다. 그게 좋은 것이든 나쁜 것이든 말이야. 엄마는 네가 좋은 것이 몸에 익숙하게 밴 사람이 되었으면 해.'

재료 ★★☆ 놀이 ★☆☆

07
컬러 마카로니 소꿉놀이

간단한 방법으로 마카로니에 예쁜 색을 입혀 볼까요?
한 번 만들어 두면 오래 가지고 놀 수 있는 멋진 놀이 재료랍니다.
색을 인지할 수 있는 아이들은 색깔별로 분류하며 가지고 놀 수 있고,
어린아이들은 염색한 마카로니를 탐색하고 만지며 손끝의 감각을 키울 수 있어요.

- **재료** 마카로니(300g), 작은 지퍼팩, 식용색소(색깔별로 1~2방울)
- **옵션** 주방놀이 도구, 나눔 접시

tip
- 페트병에 넣고 흔들면서 소리를 들어요.
- 아이와 함께 지퍼팩을 흔들어 염색해 보세요.
- 병에 넣어 보관하면 아이가 원할 때 꺼내 주기 좋아요.
- 유리병에 층층이 쌓아서 예쁜 장식품을 만들 수 있어요.
- 단단한 마카로니를 아이가 먹지 않도록 보호자의 지도가 필요해요.

01 염색하지 않은 마카로니를 탐색해 봐요.

02 지퍼팩 안에 마카로니를 넣고 식용색소를 1~2방울 떨어뜨린 후, 색이 잘 섞일 때까지 흔들어 섞어 주세요.

03 색이 섞인 마카로니를 접시나 신문지에 펼치고, 식용색소가 손에 묻어나지 않을 정도로 바짝 말려요. 반나절 정도 말리면 좋아요.

04 잘 말린 마카로니를 색깔별로 나눠요.

05 아이가 마음껏 만지고 섞고 분류하며 놀 수 있게 해 주세요.

마카로니를 가지고 소꿉놀이하다가, 엄마에게 밥을 지어 준다며
장난감 접시에 마카로니를 담는 아이를 보고 감동했던 기억이 떠오르네요.
아이의 사랑스러운 말 한마디에 마음이 꽉 차는 게 엄마 마음인가 봐요.
'저도 친정엄마에게 따뜻한 밥 한 끼 차려 드리고 싶네요.'

재료 ★★☆ 놀이 ★☆☆

08 시원한 아이스볼 놀이

자연물을 넣고 얼린 아이스볼을 소금과 물로 녹이면서 관찰해 보세요.
더운 여름에 욕조나 놀이매트에서 하기 좋은 놀이랍니다.
소금이 닿은 자리에 구멍이 생기며 녹는 모습을 관찰하고, 자연물을 꺼내면서 놀 수 있어요.
투명하고 단단한 얼음을 만지며 다양한 감각을 느낄 수 있도록 도와주세요.

- **재료** 믹싱볼, 식용색소, 굵은소금, 자연물(꽃, 나뭇잎, 미역, 돌멩이 등), 놀이트레이 또는 접시
- **옵션** 스포이트, 전분가루, 놀이매트, 수건

 tip
☐ 놀이매트나 욕조에서 놀이하기를 추천해요.
☐ 스포이트로 물을 뿌려 보세요.
☐ 다양한 색의 얼음을 만들고 녹는 모습을 관찰해요.
☐ 얼음이 녹은 물과 전분가루가 닿으면 우블렉이 만들어져요.
☐ 얼음을 오래 만지면 손이 차가워질 수 있으니 따뜻한 물을 준비해 주세요.
☐ 얼음 녹은 물을 흡수하도록 마른 수건을 옆에 두면 주변이 미끄러워지는 것을 방지할 수 있어요.

01 야외활동을 하며 자연물을 수집해요.

02 믹싱볼에 자연물과 식용색소를 넣고 물을 담아 주세요.

03 냉동실에서 하루 정도 얼린 후 꺼내요.

04 얼음에 굵은소금을 뿌리고 물을 부으며 녹는 모습을 관찰해 보세요.

05 얼음 아래에 전분가루를 담아 주어도 좋아요.

미대엄마의 미술육아  푸른색 바다를 얼려 놓은 것처럼 신기하고 예뻐서 아이와 종종 즐겼던 놀이예요.
아이는 커다란 얼음이 신기했는지, 양손으로 소원을 비는 유리구슬처럼 계속 문지르며 놀았어요.
'엄마의 소원은 네가 몸과 마음이 건강한 사람으로 세상을 살아가는 거란다. 소원을 들어주겠니?'

09 말캉말캉 컬러 타피오카 펄

타피오카 펄은 버블티에 들어가는 동그란 알갱이예요.
미끄럽고 작은 재료라 아이들이 손이나 도구로 집으며 자연스럽게 소근육을 사용할 수 있지요.
물속에 넣어도 모양이 유지되어서 관찰하며 놀이하기에 좋답니다.
말캉말캉한 타피오카 펄을 색색의 물에 넣어 혼합하며 놀아 보세요.

- **재료** 타피오카 펄(300g), 투명 컵(여러 개), 식용색소, 놀이트레이 또는 접시, 물(조금)
- **옵션** 주방놀이 도구

> **tip**
> □ 아이가 타피오카 펄을 많이 삼키게 되면 질식할 위험이 있으니 보호자가 꼭 지켜봐 주세요.
> □ 타피오카 펄이 바닥에 떨어지지 않도록 놀이매트 위에서 놀이하면 좋아요.
> □ 투명한 컵을 사용해야 색을 관찰할 수 있고, 물속에 있는 타피오카 펄을 찾을 수 있어요.
> □ 옮겨 담을 수 있는 작은 그릇을 주면 더 재미있게 놀이할 수 있어요.
> □ 크기가 큰 놀이트레이에 색깔별로 부어서 색이 섞이는 모습을 관찰해요.

01

02

03

04

01 투명 컵에 물과 식용색소를 담고 섞어요.
02 타피오카 펄을 01에 넣어 주세요.
03 타피오카 펄의 개수를 세어 보고 다른 컵으로 옮겨도 보아요.
04 놀이트레이에 쏟고 물을 추가하면 손으로 만지면서 촉감놀이를 할 수 있어요.

미대엄마의 미술육아

아이 친구가 놀러 왔을 때 함께했던 놀이예요.
두 아이가 꼼지락거리며 접시에 물을 붓고 색을 관찰하는 모습이 정말 사랑스러웠답니다.
'세상은 혼자 살아갈 수 없단다.
엄마는 네가 다른 사람들과 잘 어울리며 서로 돕고 도움받고 나누고 베풀며 살아가길 바란단다.'

재료 ★★☆ 놀이 ★☆☆

10 달콤한 코코아 흙 만들기

구강기 아이들이 안전하게 놀이할 수 있도록 먹어도 되는 재료를 사용하는 것이 좋아요.
코코아 가루로 촉촉하고 부드러운 흙을 만들고, 피규어를 추가하여 멋진 스몰월드를 꾸며 보세요.
달콤한 초콜릿 향이 아이의 후각까지 자극하는 즐거운 미술놀이 시간이 될 거예요.

- **재료** 코코아 가루(1컵), 밀가루(3컵), 식용유(1/2컵), 물(1컵 이상), 놀이트레이 또는 접시
- **옵션** 피규어(꾸미기 재료들), 놀이매트, 놀이가운

tip
- 놀이매트나 욕조에서 놀이하면 뒷정리가 쉬워요.
- 재료를 발로 밟으면 미끄러우니 보호자가 옆에서 지켜봐 주세요.
- 먹어도 안전한 재료이지만 다량 섭취하지 않도록 주의하세요.
- 눈을 감고 냄새를 맡거나, 손으로 조물조물 만지면서 촉감을 느끼면 좋아요.
- 코코아 가루 위에 밀가루를 뿌리며 밝은색과 어두운색의 차이를 느껴 보아요.

01 코코아 가루와 밀가루를 잘 섞어요.
02 식물성 오일도 조금씩 넣어 가며 섞어 주세요.
03 피규어를 올려 역할놀이를 해요.
04 물을 추가하여 진득한 질감의 진흙놀이로 마무리해 보세요.

미대엄마의 미술육아

'찰리와 초콜릿 공장에 가면 이런 냄새가 날까?' 하는 생각이 들 정도로
집 안을 가득 채운 초콜릿 냄새 때문에 즐거웠어요.
코코아 가루를 가지고 논 후에도 손에 초콜릿 냄새가 가시지 않는 달콤한 놀이였지요.
'달콤한 초콜릿 향기를 맡으면 엄마와 함께했던 어릴 적 놀이가 떠올랐으면 해.
우리끼리의 비밀처럼 말이야!'

재료 ★☆☆ 놀이 ★☆☆

11 다양한 잡곡 탐색놀이

쌀이나 잡곡은 크기가 아주 작아서 섬세하고 작은 근육을 사용해 집어야 해요.
잡곡을 가지고 놀면 아이들의 소근육 발달과 집중력, 조절 능력 향상에 긍정적인 영향을 준답니다.
작은 사물에 관심을 갖는 '작은 사물 민감기'는 2세부터 6세까지 지속되는 경향이 있어요.
이 시기의 아이들이 작은 사물을 탐색할 수 있는 환경을 자주 만들어 주시길 추천해요.

- **재료** 다양한 잡곡류, 놀이트레이 또는 접시
- **옵션** 놀이매트, 페트병, 주방놀이 도구, 피규어, 블록

tip
- 아이가 삼키지 않도록 보호자가 꼭 지켜봐 주세요.
- 다양한 크기와 모양의 잡곡을 탐색해요.
- 매트 위에서 자유롭게 가지고 놀 수 있게 해 주면 더 좋아요.
- 잡곡을 페트병에 넣고 흔들며 소리를 들어요.
- 주방용품을 이용해서 담거나 옮기는 연습도 하고, 피규어나 블록을 함께 가지고 놀면서 스토리를 만들어 봐요.

01 다양한 잡곡을 준비해요.
02 놀이트레이에 담긴 잡곡을 아이가 자유롭게 만지고 뿌리며 놀 수 있게 제공해요.
03 매트나 친올 깔고 주방놀이 도구를 이용해 잡곡을 가지고 놀아요.

미대엄마의 미술육아

주방에 버려야 하는 잡곡들이 생기게 되었어요.
버리긴 아깝고 먹을 수는 없고, 고민 끝에 아이의 놀잇감으로 결정! 쌀통에 있는 쌀을 엄마 몰래 만지다가 온 집 안을 쌀바다로 만들었던 딸아이가 생각나서, 마음껏 어지르며 놀 수 있도록 놀이트레이에 올려 주었답니다.

'집어도 보고 담아도 보고 옮겨도 보며 잡곡 하나로 30분 이상 놀고 있는 널 보면서 많은 걸 배워.
잡곡을 장난감으로 편견 없이 받아들이고 놀이하는 순수한 네 모습.
성인이 되어도 편견 없이 세상을 살아가길 바란다.'

재료 ★★☆ 놀이 ★☆☆

12 향기 가득 컬러 플라워 수프

물 위에 꽃잎과 같은 자연물을 띄워 놓고 관찰하며 쉽게 즐길 수 있는 놀이예요.
식용색소를 물에 떨어트려 색깔이 변하는 것을 보고, 손으로 꽃잎을 만지면서 얇고 부드러운 질감을 탐색할 수도 있어요.
꽃향기를 맡으며 후각을 자극할 수도 있어서 오감놀이로 좋답니다.
주방놀이 도구를 이용해 물 위에 떠 있는 꽃잎을 떠내며 자연스럽게 눈손 협응과 집중력도 쑥쑥 자라나요.
색색의 꽃잎과 함께 아이의 놀이 모습을 예쁜 사진으로 남겨 보세요.

- **재료** 물, 식용색소, 자연물(다양한 꽃잎), 놀이트레이
- **옵션** 피규어(꾸미기 재료들), 주방놀이 도구

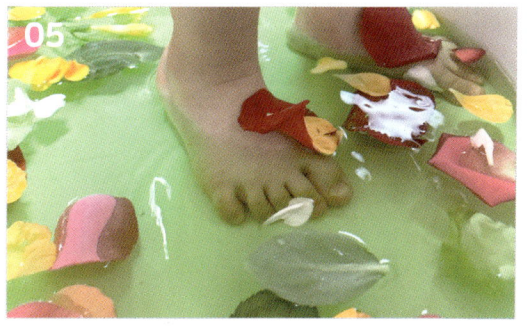

 ☐ 자연물과 어울리는 색의 식용색소를 물에 섞어 보세요.
☐ 처음에는 물 색깔을 연한 색으로 시작해서 점점 진한 색으로 바꾸어 가며 놀아요.
☐ 플라워 수프에 전분가루를 넣으면 바로 우블렉 놀이를 할 수 있어요.

01 놀이트레이에 물을 1/2 정도 담아요.
02 다양한 색깔의 꽃잎을 넣어 주세요.
03 식용색소를 떨어트려 물 색깔을 바꿔요.
04 꽃을 만지며 플라워 수프를 관찰해요.
05 발로 밟으며 촉감을 느껴 보세요.

미대엄마의 미술육아

물만 보면 좋아하는 아이 때문에 물놀이를 함께 할 수 있는 놀이를 자주 해요.
시들어 가는 꽃다발에서 꽃잎을 떼어 물에 넣어만 주면 로맨틱한 분위기와 함께 향기로운 물놀이를 할 수 있어서, 집에 있는 꽃이 시들어 가는 시기엔 항상 하는 놀이예요.
이 사진을 찍는 날은 손보다 발로 놀이하고 싶었는지 첨벙첨벙거리는 아이의 발가락을 사진으로 남겨 보며 놀이를 마무리했답니다.

'네가 잠이 들면 엄마는 항상 너의 발을 만지작거리면서 잠든 너를 바라봐.
예쁜 네가 새근새근 자는 모습을 보는 것도 엄마에게는 행복이란다.'

13 미끌미끌 재미있는 컬러 로션

미끄러운 촉감을 가진 로션에 식용색소를 섞으면 재미있는 물감 완성!
안전성이 입증된 로션으로 만드는 물감인 만큼 핑거페인트로 가지고 놀기 좋아요.
발색력은 약하지만 아직 형태를 그리기 힘든 어린아이들을 위한 촉감놀이로는 제격이랍니다.
보호자와 함께 손으로 물감을 만지며 스킨십을 하면 애착을 높일 수 있어요.
아이와 함께 촉감놀이를 즐겨 보셔도 좋아요.

- **재료** 보디로션(1컵), 식용색소, 쿠키틀 또는 접시
- **옵션** 종이, 쿠킹포일

> **tip**
> ☐ 쿠킹포일이나 종이를 벽에 붙이고 그 위에 그림을 그리면서 놀이할 수 있어요.
> ☐ 색소를 섞지 않은 로션으로도 거울이나 쿠킹포일에 그림을 그리며 놀 수 있어요.
> ☐ 로션이 미끄러울 수 있으니 발로 밟고 넘어지지 않도록 보호자가 꼭 지켜봐 주세요.

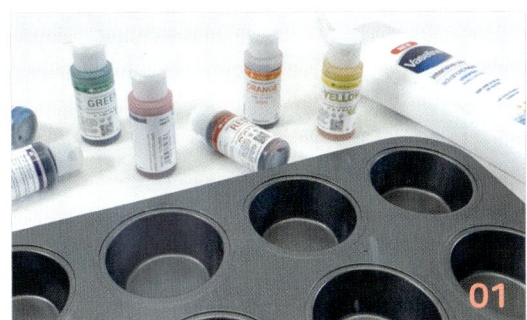

01 보디로션과 식용색소, 쿠키틀(또는 접시)을 준비해요.
02 보디로션을 덜고 그 위에 각각의 색소를 떨어트려요.
03 보디로션과 색소를 잘 섞어 주세요.
04 로션을 손으로 만지고 종이에 그림을 그려 보며 재미있게 놀아요.

미대엄마의 미술육아

아기가 백일이 갓 지났을 때부터 로션을 작은 접시에 덜어서 손으로 미끄러운 촉감을 느끼고 거울에 치덕치덕 바르면서 놀이할 수 있도록 준비했어요.
거울이 신기한지 한참 쳐다보다가 손으로 로션을 바르던 모습이 아직도 생생하네요.
누워만 있는 아이가 심심할까 봐 이것저것 준비해서 놀이를 해 보았답니다.
'아주 어릴 땐 엄마랑 할 수 있는 놀이가 별로 없어서 빨리 크면 좋겠다고 생각했는데
이제 많이 크고 나니 또 그때가 그리워져.
너의 어린 시절이 다 지나가도 아깝지 않도록, 우리 멋진 시간을 함께 보내자.'

재료 ★★☆ 놀이 ★☆☆

14 포슬포슬 옥수숫가루

옥수숫가루는 전분이나 밀가루보다 질감이 포슬포슬해요.
입자가 작은 가루들에 비해 가루 날림이 적다는 장점도 있어요.
그런 옥수숫가루에 식물성 오일을 섞으면 푸석한 모래의 느낌으로 바뀐답니다.
놀이모래 대용으로 사용하기 좋은, 안전한 촉감놀이 장난감이에요.
작은 피규어들을 추가해서 스몰월드 플레이도 함께 즐겨 보세요.

- **재료** 옥수숫가루(3컵), 식물성 오일 또는 보디오일(1/3컵), 놀이트레이 또는 접시
- **옵션** 피규어(꾸미기 재료들), 모래놀이 도구, 주방놀이 도구, 놀이매트, 놀이가운

 tip
- 모래놀이 몰드에 넣어 다양한 모양을 만들어 볼 수 있어요.
- 밀폐용기에 담아 보관하면 2~3일은 재사용할 수 있어요.
- 오일 성분 때문에 바닥이 미끄러울 수 있으니 놀이매트 안에서 노는 것을 추천해요.

01 옥수숫가루와 오일을 준비해요.
02 두 재료를 손으로 만지면서 오일이 뭉치지 않도록 잘 섞어 주세요.
03 피규어를 추가해서 스몰월드를 꾸며도 좋아요.
04 손으로 뭉치고 흐트러트리며 탐색하면서 재미있게 놀아요.

 미대엄마의 미술육아

옥수숫가루는 고소한 냄새가 나요. 이렇게 특유의 향이 있는 재료들로 놀이하면 시작도 전에 기분이 좋아진답니다. 노랗고 예쁜 색 때문에 모래보다 더 좋아하는 아이를 보고 저도 뿌듯한 놀이 시간이었어요.

'놀이하면서 "내가 곰돌이 엄마야. 맘마 줄게, 곰돌이야." 하는 너를 보니 어찌나 웃음이 나던지, 벌써 엄마가 되고 싶은 거니?'

재료 ★★☆ 놀이 ★★★

15 공룡 발굴 탐험놀이

전분물을 단단하게 굳히면 아이들이 만지고 부수며 놀기 좋은 질감의 장난감이 됩니다. 굳은 전분은 부드럽게 부서지기 때문에 촉감놀이를 즐기기에 무척 좋아요. 이렇게 만든 전분 장난감으로 단단한 느낌과 보들보들한 질감을 동시에 느끼며 놀 수 있답니다. 전분 안에는 좋아하는 피규어를 하나씩 넣어서 굳혀 주세요. 굳은 전분 안에 들어 있는 피규어를 찾는 과정에서 아이들은 성취감을 느낄 수 있을 거예요. 장난감 망치나 주방놀이 도구를 사용하면 더 재미있게 놀 수 있어요.

- **재료** 전분가루(2컵), 물(1컵), 식용색소, 동물 피규어, 믹싱볼, 놀이트레이 또는 접시
- **옵션** 장난감 망치, 주방놀이 도구, 놀이매트

01

02

03

> **tip**
> ☐ 굳은 전분을 제거할 때 가위로 종이컵을 자르면 더 쉽게 제거할 수 있어요.
> ☐ 전분물을 만들 때 점성이 높아져 섞는 과정에 힘이 많이 들어갈 수 있어요.

04

05

06

01 전분가루 2컵과 물 1컵을 섞어 주세요.

02 만들고 싶은 색깔의 식용색소를 종이컵에 넣고 전분물을 섞어요.

03 공룡 피규어를 넣어 주세요.

04 전분이 가라앉으면 윗물을 따라 버려요.

05 하루 동안 실온에 두고 전분이 딱딱하게 굳으면 종이컵을 제거해 주세요.

06 만들어 놓은 전분을 놀이트레이에 모아 장난감 망치로 두들기며 전분 속에 있는 피규어를 찾아보아요.

미대엄마의 미술육아

굳은 전분 안에 숨은 공룡을 모두 찾은 뒤 놀이트레이에 물을 조금씩 부으면 우블렉 놀이로 확장할 수 있어요. 같은 재료도 다른 방법으로 응용하며 놀 수 있다는 것을 아이와 체험하며 이야기 나누어 보아요.

'같은 재료라도 다르게 다가가면 새로운 것이 된단다.
다양한 시각으로 이렇게도, 저렇게도 해 보면서 재미있게 살아가길.'

재료 ★★☆ 놀이 ★☆☆

16 둥둥 떠다니는 폼폼 잡기

간단한 준비로 아이와 즐거운 놀이를 해 볼까요?
국자나 숟가락 같은 도구를 사용하여 물 위를 떠다니는 폼폼을 잡아 보세요.
폼폼을 잡으면서 물의 속성을 느끼고, 눈과 손의 협응 능력을 기를 수 있어요.
숫자를 셀 수 있는 아이들은 작은 물체를 다른 접시로 옮기면서 숫자 개념도 익힐 수 있답니다.
이런 단순한 놀이를 통해 크다, 작다, 많다, 적다 등의 차이도 자연스럽게 알기 좋아요.

 **• 재료** 물, 놀이트레이, 다양한 크기의 폼폼(30개 이상), 주방놀이 도구 또는 국자, 작은 접시

> tip
> ☐ 어린아이는 물 위에 떠 있는 물체를 잡는 것에 익숙하지 않으니, 큰 국자나 장난감 삽 등을 주면 좋아요.
> ☐ 스스로 밥을 먹을 수 있는 아이들은 숟가락 정도 크기의 도구로 작은 폼폼을 잡는 연습을 하도록 도와주세요.
> ☐ 물에 젖은 폼폼은 손으로 꽉 짜서 말리면 다시 사용할 수 있어요.

01 폼폼의 형태와 질감을 탐색해요.
02 놀이트레이에 물을 1/2 정도 채워 주세요.
03 폼폼을 물 위에 자유롭게 떨어뜨려요.
04 주방놀이 도구나 국자를 이용해 폼폼을 다른 접시에 옮기며 놀이해요.

미대엄마의 미술육아

자연 속에서 아이가 즐겁게 놀면 좋겠다, 하는 마음으로 차 트렁크에 큰 놀이트레이를 싣고 달렸어요. 예상대로 아이는 물에서 폼폼을 건져 내고 손으로 잡으며 즐거워했답니다. 엄마와 함께하는 놀이의 효과로 소근육 발달, 눈손 협응, 감각 통합 등을 들지만 최고의 효과는 아이의 진정한 웃음을 볼 수 있다는 것 아닐까요?

'놀이의 장점이 많지만 엄마는 네 웃음 한 번 보는 게 가장 좋아.
언제까지나 그 순수한 웃음을 잃지 않길!'

재료 ★★☆ 놀이 ★☆☆

17 흔들면 바뀌는 컬러 소금

굵은소금을 담은 지퍼팩에 식용색소를 넣고 흔들면 간단하게 소금을 염색할 수 있어요.
어린아이들은 소금을 넣은 병을 직접 흔들고 색을 섞으며 재미있게 놀 수 있답니다.
접시에 알록달록하게 염색된 소금을 옮겨 담고 피규어를 추가해 상황극 놀이를 해 보세요.
이야기를 만들어 내면서 언어 발달에 긍정적인 효과를 얻을 수 있어요.
아이의 엉뚱한 이야기에 귀 기울이며 반응해 주세요. 엄마표 놀이의 힘을 느낄 수 있을 거예요.

- **재료** 굵은소금(2컵), 식용색소(4색 이상), 지퍼팩(색깔별로), 접시(여러 개), 물, 스포이트
- **옵션** 주방놀이 도구, 피규어

 tip
- 얼음 위에 색소금을 뿌리며 녹이는 놀이로 응용해 보세요.
- 식용색소가 손에 묻어나올 때는 소금을 넓게 펼쳐 두고 말려 주세요.
- 색소금을 담은 페트병을 흔들어 소리를 들으며 청각 자극 놀이로 활용할 수 있어요.
- 색소금을 밀폐 보관하면 장기간 보관이 가능해요. 물이 닿지 않은 소금은 재사용하여 놀이하세요.

01 굵은소금을 만지며 관찰해 보세요.
02 지퍼팩에 소금을 1/2컵 정도 담고 식용색소를 3~4방울 떨어트려요.
03 지퍼팩을 닫고 식용색소가 모두 섞일 때까지 흔들어 주세요.
04 접시에 덜어서 염색한 소금의 색깔을 관찰해 보아요.
05 스포이트를 사용하여 물을 소금에 뿌리고 녹이면서 놀이를 마무리해요.

물로 소금을 녹이는 놀이를 하면서 아이가 스포이트 사용법을 완벽하게 익혔어요. 처음으로 스포이트에 물을 채우는 데 성공한 순간 물개박수가 절로 나왔답니다.
'네가 혼자 할 수 있는 것들이 하나씩 늘어나는 모습을 볼 때마다 얼마나 뿌듯한지 몰라. 천천히 배워 가면서 해내는 너의 자립을 엄마가 응원할게.'

18 미끌미끌 밀가루풀 물감

밀가루풀은 먹어도 안전하기 때문에 구강기 아이들에게도 추천하는 재료입니다.
미끌미끌 부드러운 밀가루풀의 촉감을 느끼며 손가락이나 붓을 사용하여 그림을 그릴 수 있어요.
처음에는 붓보다 손가락을 사용하는 핑거페인팅 놀이를 추천해요.
밀가루풀을 2종류로 만들면 아이가 다른 질감을 느끼며 더 재미있게 탐색할 수 있답니다.
물을 많이 넣은 묽은 제형과, 물을 적게 넣은 되직한 제형을 만들어서 다른 점을 탐색하며 차이점을 이야기해 보아요.

- **재료** 밀가루(1/2컵), 찬물(2컵), 식용색소(4색 이상), 냄비, 주걱, 쿠킹포일, 접시, 작은 숟가락
- **옵션** 흰 종이(8절)

tip
- 밀가루는 찬물에 곱게 푼 다음 냄비에 끓여야 해요.
- 쿠킹포일 뒷면에 물을 묻히면 테이블에 쉽게 고정할 수 있어요.
- 뜨거운 밀가루는 화상의 위험이 있으니 한 김 식힌 후 뜨겁지 않은지 꼭 확인하고 놀이하세요.

01 밀가루를 손으로 만지며 탐색해요.
02 밀가루(1/2컵)와 찬물(2컵)을 잘 섞어 주세요.
03 02를 냄비에 넣고 약한 불에서 3분간 타지 않게 저으며 끓여 주세요.
04 작은 접시에 밀가루풀을 담고 식용색소를 3~4방울 떨어트려요.
05 숟가락이나 손으로 식용색소를 잘 섞어 주세요.
06 쿠킹포일 또는 종이를 테이블에 고정한 후, 그림을 그리며 놀이해요.
07 밀가루풀을 자유롭게 섞으면서 놀아도 좋아요.

미대엄마의 미술육아

밀가루풀을 접시에 섞어 담으며 "호박죽 같아, 달걀노른자 같아!"라고 말하는 아이를 보며 얼마나 감동했던지….
'네가 이제는 무엇무엇 같다는 개념을 이해하고 말할 수 있다는 작은 사실 덕분에, 엄마에게 이제 호박죽과 달걀노른자는 특별한 단어가 되었단다.
평범한 것들도 너와 함께하면서 엄마에겐 특별한 의미가 생겼어.'

재료 ★★☆ 놀이 ★☆☆

19 꾸덕꾸덕 황토놀이

황토가루를 가지고 진득한 촉감을 느끼며 놀이해 볼까요?
황토는 염색이 가능할 정도로 착색력이 매우 높아서 종이에 그림을 그리며 놀이하기 좋은 재료예요.
에너지가 높은 아이들이 전지 크기의 큰 종이에 온몸을 사용하여 자국을 남기는 놀이를 하면
에너지를 발산할 수 있어요. 제약 없이 자유롭게 놀면서 쾌감을 느끼고 스트레스를 해소하는 경험도 할 수 있어요.
보호자와 함께 몸 전체를 사용하는 것은 애착 형성에도 매우 좋답니다.

- 재료 황토가루(300g), 물(1컵), 놀이트레이, 접시(2개 이상), 자연물 또는 피규어, 놀이매트, 흰 종이(8절 이상 또는 전지 크기 여러 장)
- 옵션 놀이가운 또는 앞치마

tip
- ☐ 큰 종이를 준비하여 활동 반경을 늘려 놀이해도 좋아요.
- ☐ 처음부터 많은 물을 넣기보다 점점 늘리면서 추가하기를 추천해요.
- ☐ 놀이매트나 놀이트레이가 없는 경우 욕실에서 놀이하면 청소가 수월해요.
- ☐ 황토가 옷이나 가구에 묻은 채로 오래 두면 조금 착색될 수 있으니 가운을 입으면 좋아요.

01 황토가루의 촉감을 느껴 보세요.

02 놀이트레이에 황토가루와 피규어, 자연물들을 자유롭게 배치해요.

03 물을 조금씩 넣으며 가루가 질퍽해지는 모습을 관찰해요.

04 피규어들과 자연물을 재배치하며 공간 속에서 이야기를 만들어 보세요.

05 흰 종이에 개어진 황토를 바르며 손으로 그림을 그려 보아요.

미대엄마의 미술육아

아이를 불러도 대답이 없어 찾아보니, 상자 안에 넣어 둔 황토가루를 혼자 꺼내어 흩뿌리며 놀고 있었어요. 황토가루의 부드러운 질감이 좋았는지 흠뻑 빠져 있어서 놀이매트 안에 황토 세상을 만들어 주었어요. 그러자 물을 담아 주었던 통을 엎고 피규어들을 올리더니 생일 축하 노래를 부르기 시작했어요.

'케이크야 케이크. 생일 축하합니다. 생일 축하합니다. 사랑하는 코끼리….' 천사 같은 목소리로 불러 주는 코끼리의 생일 축하 노래가 제 생일 축가보다 행복하게 들렸던 날입니다.

20
촉촉한 알로에 주방놀이

햇볕에 오래 노출된 날은 쿨링 효과를 느끼면서 알로에 촉감놀이를 해 보세요.
알로에는 피부 진정 효과가 있어서 피부가 예민한 아이들도 안심하고 놀이할 수 있는 좋은 재료예요.
장난감 칼로 알로에를 자르면서 요리놀이를 하듯이 놀이할 수도 있겠죠.
수의 개념을 배우는 아이들에게는 하나를 자르면 둘이 된다고 알려 주면서 놀이해 보세요.
미끌미끌한 촉감을 싫어하는 아이들에게는 소량의 알로에를 접시에 덜어 주면 거부감을 줄일 수 있어요.

- **재료** 물, 생알로에(2뿌리), 장난감 칼 또는 케이크 칼, 접시
- **옵션** 믹서기, 과도(보호자용), 안전가위, 물

tip
- 아이들이 알로에를 다량 섭취하는 것은 피해 주세요.
- 안전가위로 종이를 자를 때의 느낌과 비교해 볼 수도 있어요.
- 알로에가 미끄러울 수 있으니 밟고 넘어지지 않도록 보호자가 지켜봐 주세요.
- 알로에는 피부에 바르면서 놀기 좋은 재료예요. 로션 대용으로 쓰이기도 해서 아이와 마음 놓고 촉감놀이를 할 수 있어요.

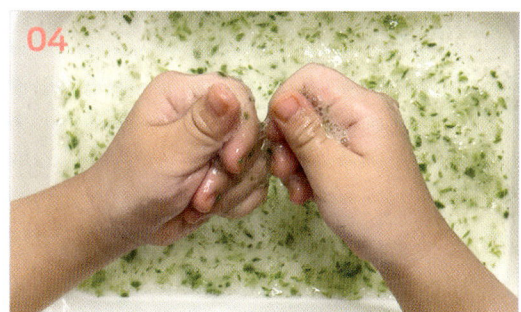

01 생알로에를 준비해요. 가시는 보호자가 과도로 제거해 주세요.
02 장난감 칼로 알로에를 잘라 보아요.
03 알로에를 자른 후, 믹서기로 갈아서 접시에 담아요.
04 자유롭게 만지고 미끌미끌한 촉감을 탐색하며 놀이해요.

알로에 놀이가 끝나고, 알로에를 적신 화장 솜으로 얼굴에 팩을 하면서 놀이를 마무리했어요. 오랜만에 여유롭게 피부 관리하는 기분이 들어서 참 즐거웠던 놀이랍니다.

'친구 같은 딸을 가졌다는 게 이런 기분일까? 얼굴에 팩 하면서 보내는 이 시간이 친한 친구랑 함께하는 시간처럼 즐거워. 앞으로도 우리 친구처럼 토닥토닥 서로 위하며 살자. 고마워!'

🌸 **미대엄마가 알려 드려요!**

촉감놀이, 엄마가 알아야 할 10가지

① 안전이 첫 번째!

다양한 감각을 사용하며 자유롭게 진행되는 촉감놀이를 할 때는 반드시 안전한 재료를 사용하여 놀이하세요. 구강기 아이들에게는 먹어도 안전한 재료를 제공해 주는 것이 좋아요. 촉감놀이 재료를 밟고 미끄러지거나 재료를 코나 눈, 귀에 넣는 일이 없도록 보호자가 꼭 지켜봐 주세요.

② 정해진 공간 안에서는 자유롭게! 시간도 자유롭게!

자유롭게 어지르고, 자기만의 이야기를 만들어 낼 수 있는 안전한 공간은 아이에게 안정감을 줍니다. 꼭 아이의 방이 필요한 건 아니에요. 작은 공간이라도 아이의 자유가 보장되는 공간을 마련해 주세요.

③ 음악과 함께하면 더 좋아요.

잔잔한 클래식 음악 또는 아이가 좋아하는 동요도 좋아요! 놀이에 따라 다른 음악을 틀어 주면 더 즐겁죠. 움직임이 많은 활동을 할 때는 신나는 음악을 틀고, 목욕놀이를 하면서 하루를 마무리할 때는 정서적으로 이완할 수 있는 잔잔한 음악을 틀어 보세요. 음악을 잘 활용하면 놀이에 집중하는 시간도 점점 길어진답니다.

④ 아이의 의사가 가장 중요합니다.

대부분의 아이들은 촉감놀이 시간을 즐거워해요. 하지만 컨디션이 좋지 않은 날이나 싫어하는 물성의 재료를 주면 거부하는 경우가 가끔 있어요. 이럴 때는 절대 강요하지 마시고 아이의 의사를 존중해 주세요. 재료 탐색을 거부하는 경우 엄마가 먼저 재미있게 노는 모습을 자연스럽게 보여 주거나, 작은 그릇에 덜어서 손으로만 천천히 만지고 놀 수 있도록 해 보세요. 놀이 시간이 길지 않아도 좋아요. 아이가 멈추고 싶어 하면 마무리하세요.

⑤ 같은 놀이를 반복해도 됩니다.

다양한 놀이를 하면 아이가 여러 가지 체험을 할 수 있다는 장점이 있지만, 한 번 경험했던 놀이를 몇 번이고 반복해도 좋아요. 같은 놀이라도 그 날의 기분이나 상황에 따라 다르게 느껴지고 아이가 만들어 내는 이야기는 새로워질 거예요. 매번 다른 놀이를 해 줘야 한다는 부담을 버리세요.

⑥ 재사용이 가능한 재료는 재사용해 주세요.

염색한 쌀이나 소금과 같이 상하지 않는 재료들은 재사용이 가능해요. 버리지 말고 잘 보관해 두면 다른 놀이에 응용할 수도 있고 새로운 미술 작품으로 재탄생시킬 수 있어요.

⑦ 가족이나 친구들과 함께해도 좋아요.

단체로 하는 미술활동의 장점은 매우 많아요. 친구들 또는 가족들과 함께 촉감놀이를 하면 혼자서 할 때와는 다른 놀이가 되죠. 소극적인 아이들의 경우 그룹 활동은 용기를 주기도 한답니다.

⑧ 연령 제한이 없어요.

촉감놀이는 연령에 제한을 두지 않는 감각 자극 놀이입니다. 아이가 자라서 초등학교 고학년이 되어도 중학생이 되어도 할 수 있어요. 스트레스 발산과 스킨십 효과를 가진 촉감놀이는 성인이 해도 좋답니다.

⑨ 여러 가지 도구를 활용하면 좋아요.

다양한 도구들은 촉감놀이를 확장시켜 줄 수 있어요. 한 가지 재료를 다양한 도구로 탐색하면서 응용력과 창의력을 기를 수도 있지요. 주방놀이 도구, 점토놀이 도구, 다양한 피규어 등 여러 가지 도구들을 준비해 두시고 촉감놀이를 할 때 제공해 주세요.

⑩ 마무리는 아이와 함께해 주세요.

신나게 놀고 나서 스스로 정리하는 습관을 놀이를 통해 자연스럽게 익히게 해 주세요. 마무리를 하는 과정에서 발산되었던 에너지를 이완하는 효과를 얻을 수 있어요.

2장
자연물 미술로 정서 지능 기르기

재료 ★★☆ 놀이 ★★★

21
예쁜 나뭇잎 도장 찍기

야외활동을 하며 주워 온 나뭇잎으로 즐기는 미술놀이!
아이 스스로 재료를 찾으며 미술놀이에 대한 흥미도 커질 거예요.
각각의 나뭇잎마다 다른 모양과 잎맥을 관찰해 보고, 물감이 찍힌 부분과 비교하며 관찰력을 키울 수 있답니다.
관찰력은 창의력의 밑바탕이 되는 중요한 능력이죠. 아이에게 자연물을 자세히 관찰할 기회를 꾸준히 주면 좋아요.
계절마다 달라지는 나뭇잎을 관찰하며 미술활동을 한다면 계절과 자연현상에 대한 인지를 높일 수 있을 거예요.

- **재료** 나뭇잎, 종이(8절), 물감, 붓(다양한 크기), 물통, 물과 물감을 섞을 수 있는 접시 또는 팔레트
- **옵션** 목공용품, 그림 그리기 도구

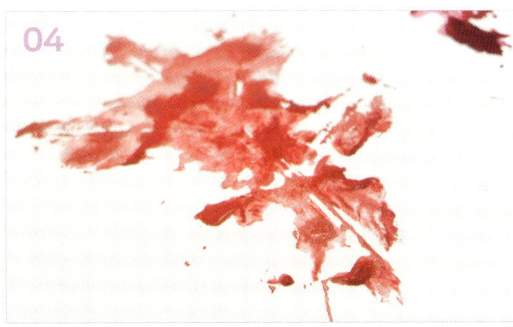

- ☐ 그리기 도구를 사용하여 나뭇잎 도장을 찍고, 떠오르는 형태를 재구성하여 그려 보세요.
- ☐ 나뭇잎 도장 옆에 목공용풀로 실제 나뭇잎을 붙이고 비교해요.
- ☐ 나뭇잎 위에 아크릴 물감으로 그림을 그릴 수 있어요.

01 나뭇잎을 채집하며 관찰해요.
02 나뭇잎의 한쪽 면에 물감을 묻혀요.
03 물감 묻은 면을 종이에 올려놓고 콕콕 찍어 보세요.
04 나뭇잎을 떼고 물감이 찍힌 형태를 관찰해요.
05 다른 색으로도 찍고 비교하며 놀이해 보세요.

미대엄마의 미술육아

아이가 없을 때는 자세히 살피지 않던 것들을, 아이가 아장아장 걷기 시작하면서 발견하게 돼요. 아주 낮은 곳에 작게 피어 있는 꽃들, 바스락거리는 낙엽들, 일렬로 기어가는 개미들, 작은 돌멩이들…. 아이의 눈높이에서 보이는 것들을 함께 가지고 놀면서 뭐든지 예전과는 다르게 느껴지네요.

'네가 아장아장 걸어서 밖에 나간 첫날, 아파트 화단에 있던 아주 작은 잡초를 한참이나 같이 보았었어. 엄마가 너를 만나지 못했다면 아마 절대로 보지 못했을 거란다.'

재료 ★★☆ 놀이 ★★☆

22 나뭇가지에 돌돌 말아 털실 감기

단단한 나뭇가지와 부드럽고 유연한 털실의 대비되는 촉감을 느끼면서 놀이해 보세요.
인공적으로 만들어진 형태 대신, 비구조화된 자연물을 통해 자연이 가지고 있는 고유의 형태를 느끼고 변형하면서
탐색할 수 있는 놀이랍니다. 자연물을 만지고 꾸미는 과정을 통해 아이는 주변의 사물에 관심을 가지고
특성을 이해할 수 있어요. 자연물을 가지고 놀이하면 창의력 증진과 인성 발달의 효과도 얻을 수 있답니다.
다양한 색의 털실을 나뭇가지에 입혀 주면서 미적 감각을 자극할 수도 있어요.

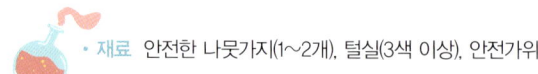

• 재료 안전한 나뭇가지(1~2개), 털실(3색 이상), 안전가위

□ 가시가 없고 거칠지 않은 나뭇가지를 사용해야 해요.
□ 나뭇가지에 끈을 연결하여 벽에 걸고 갈런드를 만들어도 좋아요.
□ 나뭇가지 끝이 뾰족하지 않은지 보호자가 꼭 확인하고 다듬어 주세요.

01

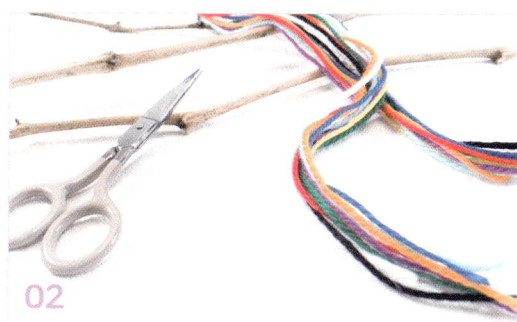
02

03

04

01 나뭇가지와 털실을 준비하고 털실의 감촉을 탐색해요.
02 털실들을 적당한 길이로 잘라요.
03 다른 색의 털실끼리 매듭을 지어 묶어 주세요.
04 털실로 나뭇가지를 돌돌 감고 끝을 묶어서 마무리해요.

미대엄마의 미술육아

아주 어릴 때 아이에게 골프 장난감을 선물해서 그런지
나뭇가지를 주어도 골프채처럼 휘두르는 장난을 치곤 하는 활발한 아이로 자라고 있어요.
엄마처럼 가만히 앉아서 털실을 감는 것보다는 여기저기 찌르고 다니는 것을 좋아해요.
씩씩하게 자라길 바랐던 제 마음을 아는지, 그렇게 잘 자라 주는 딸이 기특합니다.
'엄마와 달라도 좋아. 네가 가진 장점을 소중하게 생각하며 단단한 어른이 되길.'

재료 ★★☆ 놀이 ★☆☆

23 자연물과 유토로 하는 자유놀이

유토는 시간이 지나도 단단하게 굳지 않아 야외에서 오래 가지고 놀기 좋은 재료랍니다.
손의 온기로 유토를 부드럽게 만들고 자연물의 질감과도 비교하면서 조형물을 만들어 보세요.
계절에 따라 다른 자연물을 만들기 재료로 활용하면 아이들의 정서 안정과 창의력 향상에도 도움을 줄 수 있어요.
자연 속에서 놀이하면 특별한 놀잇감이 없어도 나뭇잎, 흙, 돌멩이와 함께 즐거운 미술 시간을 보낼 수 있답니다.

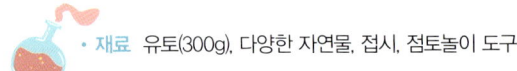

• **재료** 유토(300g), 다양한 자연물, 접시, 점토놀이 도구

tip
☐ 유토와 자연물을 가지고 놀이한 후 손을 꼭 깨끗이 씻어요.
☐ 꼭 어떤 형상을 만들 필요는 없어요. 아이의 표현 방식을 존중해 주세요.
☐ 주변에 있는 모든 것이 멋진 미술놀이 재료가 될 수 있어요. 자연 그대로의 질감을 느낄 수 있도록 해 주세요.

01 유토를 자르지 않고 자연물을 올려요.
02 손으로 유토를 주무른 뒤 접시에 유토를 덜어 두세요.
03 야외에서 주운 자연물로 유토를 꾸며요.
04 돌이나 단단한 것들로 유토를 찍으며 느낌을 이야기해 보아요.
05 위치를 바꾸어 보며 놀이할 수도 있어요.

미대엄마의 미술육아

날씨가 좋거나 산책하고 싶은 날, 아이와 뒷산에 올라 숲 냄새를 맡아요.
아이도 산에 가는 걸 무척이나 좋아한답니다. 숲은 그 자체로 완벽한 놀이터니까요.
'어른이 되어도 비 온 뒤 숲 냄새를 맡으며, 즐거웠던 어린 시절을 떠올리길 바라.
혹시 힘든 일이 생기면 산을 찾는 건강한 정신을 가진 사람으로 자라렴.'

재료 ★★★ 놀이 ★☆☆

24 향기 나는 석고 꽃 방향제 만들기

몰드에 따라 여러 가지 모양으로 굳는 석고가루는 다양한 형태로 만들기 좋은 재료입니다.
야외활동을 하면서 자연물을 구하고, 집으로 가지고 와 석고에 넣고 굳히는 놀이를 해 볼까요?
작은 나뭇가지나 낙엽을 넣고 굳히면 예쁜 인테리어 소품으로 활용할 수도 있답니다.
또한 굳은 석고에 물감을 사용해 그림을 그리면 입체적인 석고 조형물을 만들 수 있어요.
아이와 만든 석고 화분을 채색하며 놀이를 확장하는 것도 추천해요.

- 재료 석고가루(1컵), 물(1컵), 종이컵(3개), 꽃, 오목한 접시
- 옵션 아로마오일

tip
- 다르게 생긴 꽃들을 비교하며 탐색해 보아요.
- 석고가루를 물과 섞는 과정에서 호흡기에 들어가지 않도록 주의하세요.
- 석고가 굳는 동안 떠오르는 맑은 물을 버리면 더 빨리 굳힐 수 있어요.
- 야외에 가지고 나가서 어울리는 곳에 올려 두고 사진을 찍어 보세요.

01 우묵한 접시에 석고가루와 물을 1:1 비율로 넣고 섞어 주세요.
02 석고 물을 종이컵에 나누어 담아요.
03 종이컵 가운데에 꽃을 꽂아 주세요.
04 실온에 하루 정도 두고 석고가 굳으면 종이컵을 제거해요.
05 석고에 아로마오일을 1~2방울 떨어트리고 방향제로 사용하거나, 인테리어 소품으로 활용해도 좋아요.

미대엄마의 미술육아

종이컵으로 만든 석고 꽃 화분을 들고 아이와 야외 여기저기에 놓아 보며
사진을 찍는 과정도 놀이의 일부예요.
꽃이 피지 않는 계절에 우리만의 꽃을 피워 주었던 놀이랍니다.
매일 정신없이 흐르는 시간 속에서 느껴지는 로맨틱함이 소소한 행복 아닐까요?
'우리 앞으로도 이렇게 작은 것에 감사하고 행복해하며 살아가자!'

재료 ★★★ 놀이 ★☆☆

25 기분 따라 꽂아 보는 꽃 박스

박스에 꽃을 꽂아 보면서 미적 감각을 길러 볼까요?
집중력을 높이고 성취감을 느끼는 경험을 할 수 있을 거예요. 또한 작은 구멍에 꽃을 끼워 넣으면서
손의 정교한 근육을 사용하게 되는데, 이는 아이의 소근육 발달에 도움이 된답니다.
박스를 아크릴 물감으로 칠하거나 유성매직이나 색종이를 붙여 꾸미는 등의 미술활동으로 확장할 수도 있어요.
꽃을 가지고 놀이하면서 향기를 맡아 보고, 꽃의 감촉을 느끼는 경험을 통해 오감을 자극해 보세요.

 • **재료** 대가 있는 꽃, 버리는 박스, 안전가위, 그리기 도구(물감, 붓, 크레용, 마커 등)

□ 가시가 있는 꽃은 피해 주세요.
□ 가위로 박스 구멍을 뚫을 때는 보호자의 도움이 필요해요.
□ 꽃을 충분히 관찰한 후에 색이나 모양에 어울리게 꾸며요.
□ 여러 각도에서 사진을 찍어 보며 놀아도 좋아요.
□ 꽃을 보고 종이에 그림을 그리며 자세히 관찰해요.

01

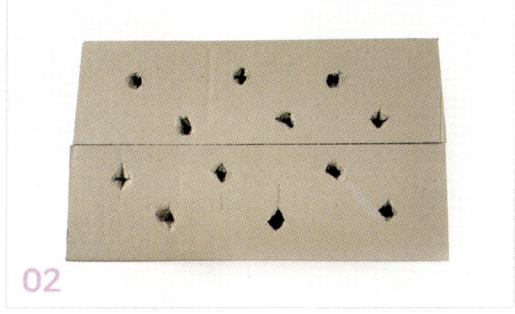
02

03

04

01 크기가 적당한 박스와 자르지 않은 꽃을 준비해요.
02 박스에 가위로 구멍을 뚫어 주세요.
03 꽃을 박스 구멍에 꽂아 보세요.
04 그리기 도구를 가지고 박스를 재미있게 꾸며 보아요.

미대엄마의
미술육아

작은 구멍에 사물을 꽂으며 놀이하는 것을 좋아하는 아이를 위해,
인공적인 장난감 대신 자연물을 활용할 수 있는 놀이를 고민하다가 시작한 놀이예요.
꽃들의 집을 만들어 준다며 이야기하고 이사도 시켜 주면서 소꿉장난처럼 놀았답니다.
'길에서도 꽃을 보면 달려가 향기를 맡는 네 모습이 얼마나 사랑스러운지 몰라.
꽃향기처럼 좋은 향을 가진 사람으로 자라렴.'

재료 ★★★ 놀이 ★★☆

26 감성적인 자연물 컬러 팔레트

자연물을 색깔별로 분류하며, 사물을 비교 분석하는 능력을 기를 수 있는 놀이예요.
야외에서 자연물을 찾고 탐색하면서 아이는 주변 사물에 관한 관심과 호기심을 가질 수 있어요.
이런 호기심은 창의력 증진으로도 확장된답니다. 또한 놀이하면서 꽃, 나무, 돌, 풀잎 등
친숙한 사물의 이름을 자주 들려주는 것은 언어 발달에 도움이 된다고 해요. 컬러 팔레트를 완성한 후에는
물감을 사용하여 색칠하는 과정을 통해 아이의 감수성을 자극할 수 있도록 해 주세요.

• **재료** 흰 종이(8절), 박스 조각(8절보다 작은 크기), 목공용풀 또는 투명 박스테이프, 자연물, 물감, 붓(다양한 크기)

tip
☐ 자연물의 이름을 찾아 종이에 적어 보세요.
☐ 자연물의 색을 인지하면서 언어 발달에 도움이 될 수 있어요.
☐ 투명한 테이프를 사용해서 붙여도 좋아요.

01

02

03

04

05

01 박스를 동그란 모양으로 잘라 주세요.
02 박스 조각과 같은 모양으로 자른 흰색 종이를 목공용풀로 붙여요.
03 자연물을 색깔별로 분류해 보세요.
04 목공용풀로 흰색 종이 위에 자연물을 색깔별로 분류해 붙여요(투명 박스테이프를 사용해도 좋아요).
05 물감과 붓을 사용해서 자연물과 같은 색을 팔레트에 색칠해 보아요.

미대엄마의 미술육아

아이와 길을 걷다 보면 바닥에 떨어진 도토리, 낙엽, 나뭇가지 등을 그냥 지나치는 경우가 없어요.
작은 가방에 가득 담아 오면 버릴 수 없어 모아 두곤 하지요.
주운 자연물들과 집에 있는 관상용 꽃들을 함께 섞어 자연물 팔레트를 만들어 보았어요.
아이와 길을 걷던 추억을 놀이하며 다시금 떠올릴 수 있어서 참 즐거웠답니다.
'작은 꽃잎이 부드러운지 손으로 쪼물거리며 만지다가 손끝에 꽃물이 들어 버렸던 날이 생각나.
꽃손이 되었다며 우리 같이 웃었던 날. 엄마와 너의 추억이 담긴 놀이란다.'

재료 ★★★ 놀이 ★★★

27 나만의 작은 연못 세상

아이의 감성 발달에 매우 좋은 재료인 흙을 사용해 작은 세상을 꾸며 보세요.
흙은 아이들의 원초적인 감각을 민감하게 발달시켜 주며, 즐거움과 행복감을 느낄 수 있게
해 주는 자연물입니다. 손으로 만지고 놀면 정서적 안정을 가져오는 효과도 있죠. 흙을 사용하여
자주 놀이하는 아이들은 그렇지 않은 아이들에 비해 감성지능이 높다는 연구 결과도 있답니다.
자유롭게 흙을 만지고 자연물을 재배치하면서 스몰월드 안에서 사고를 확장하길 바랍니다.

- **재료** 유리그릇, 자연물(돌, 꽃, 나뭇잎, 조개, 흙 등), 물(조금), 납작한 접시
- **옵션** 물감 또는 식용색소, 다양한 피규어

□ 작은 피규어들을 추가하여 스몰월드 플레이를 해 보아요.
□ 흙이 바닥에 떨어지지 않도록 비닐이나 매트를 깔고 놀이하는 것을 추천해요.
□ 비닐 안에 있는 물에 물감이나 식용색소를 넣어 색을 바꾸어 보아도 재미있어요.

01 야외활동을 하며 흙을 포함한 다양한 자연물을 채집해요.
02 유리그릇에 여러 가지 자연물을 담아 보세요.
03 납작한 접시에 자연물을 배치한 후, 비닐을 깔고 물을 채워 넣어 연못을 만들어요.

아이가 흙과 모래에 대한 거부감이 없도록 어릴 때부터 작은 접시에 담은 흙을
탐색하도록 했어요. 덕분에 지금도 넓은 모래사장이나 흙이 있는 곳에서
자유롭게 하는 흙놀이를 제법 즐긴답니다. 흙이나 모래가 있는 곳에서 놀 때 제약을
두는 경우가 있는데, 놀 때만큼은 자유롭고 신나게 놀이하게 두는 것이 좋아요.
도시에 사는 아이들은 흙을 밟고 만질 기회가 많지 않으니,
흙이 가지고 있는 생명력과 따뜻함을 이 놀이를 통해 느꼈으면 해요.

재료 ★★★ 놀이 ★★★

28
빛을 담은 플라워 박스

버리는 종이박스를 뚫고 시트지를 붙여 자연물을 고정하면 플라워 박스 완성!
실내뿐 아니라 실외에도 가지고 나가서 놀기 좋은 장난감이 된답니다.
플라워 박스의 꽃들이 실내의 빛과 자연광에 따라 다르게 보이는 모습을 관찰하면서
빛과 사물의 특성을 이해할 수 있어요.
자연광이 주는 색의 변화를 관찰할 수 있는 장난감을 함께 만들어 보세요.

 • **재료** 종이박스, 투명 시트지, 꽃잎(다양한 자연물), 칼

> **tip**
> ☐ 칼 사용은 보호자의 도움이 필요해요.
> ☐ 박스 안에 작은 조명을 넣으면 멋진 무드등이 된답니다.
> ☐ 시트지를 앞뒤로 붙여서 꽃잎을 단단히 고정하면 좋아요.
> ☐ 작은 박스와 큰 박스를 사용하여 다른 크기로 만들어 보고, 크기의 차이를 경험해 보면 좋아요.

01 꽃잎과 박스를 준비해요.
02 사진과 같이 박스의 5면을 칼로 뚫어 주세요.
03 박스 안쪽에 시트지를 붙여요.
04 시트지의 접착 면에 꽃잎을 붙여요.
05 박스에 붙인 꽃잎을 관찰하며 야외에 가지고 나가서 놀아요.

미대엄마의 미술육아

친구 아들과 함께했던 놀이예요. 에너지가 매우 높은 아이라 그런지 만들자마자 밖으로 들고 나가 얼굴에 쓰고는, 엄마보다 빨리 달려가는 모습을 보여 주었답니다. 박스 안에 얼굴을 숨기고 어디로 그렇게 뛰어가고 싶었던 걸까요?
'엄마가 되니 다른 아이들도 모두 제 아이처럼 예뻐 보여요. 세상의 모든 아이가 천진난만하게 자연에서 마음껏 뛰어놀 수 있는 세상이 왔으면 좋겠어요.'

29 나무 친구 만들기

아이와 함께 마음에 드는 나무를 찾은 후 지점토를 이용해 나무 친구를 만들어 보세요!
점토를 손으로 만지고 주무르며 놀이하면 스트레스가 완화되고 긴장도 낮추는 효과가 있어요.
정서적 안정감도 느낄 수 있죠. 점토놀이는 양손을 모두 사용하여 뇌의 균형적인 발달에 도움을 준답니다.
점토 만지기를 싫어하는 아이에게는 아주 적은 양부터 접하게 하면서 부담 없이 다가가 주세요.
보호자가 먼저 점토를 가지고 재미있게 노는 모습을 보여 주는 것도 점토에 대한 거부감을 낮춰 줄 수 있어요.

 • **재료** 지점토(1개), 꾸미기 재료(다양한 파츠, 꾸미기 눈알), 야외에 있는 나무

tip
☐ 나무가 다치지 않도록 조심히 놀이해요.
☐ 지점토를 손으로 만져서 부드럽게 만드는 과정을 가져 보면 좋아요.
☐ 나무의 단단한 촉감과 지점토의 부드러운 촉감을 비교하며 느껴 보세요.
☐ 계절에 따라 달라지는 나무의 모습에 관해서 이야기 나눠 보세요.
☐ 지점토 얼굴을 만들면서 신체 부위 명칭을 알아볼 수 있어요.

01 마음에 드는 나무를 찾아서 지점토를 붙여 보세요.
02 꾸미기 재료로 지점토를 꾸며 주세요.
03 나무 친구의 얼굴을 만들어요.
04 지점토로 완성한 나무 친구에게 이름을 붙여 주세요.

모든 자연물, 무생물과 대화하는 아이의 순수함을 보고 있으면 절로 미소가 지어져요.
엄마는 목소리를 바꾸어 나무가 되어 보기도 하고, 인형도 되어 보고,
달님이 되어 보기도 하죠. 아이 덕분에 연기력이 많이 늘어 가네요.
'어른이 되어도 조용히 눈 감고 마음속에서 들리는 말소리에 귀를 기울일 수 있는,
여유를 가진 사람으로 자라길.'

재료 ★★☆ 놀이 ★☆☆

30 내가 담은 휴지심 속 자연

자연물로 조형물을 만들면서 호기심과 소중함을 느낄 수 있는 놀이를 해 볼까요?
직접 만지고, 보고, 느끼는 과정을 통해 자연물이 가진 아름다움과 패턴을 알 수 있게 되어요.
인공적인 재료들보다 자연물을 가지고 놀이할 때 느낄 수 있는 감각이 더 많답니다.
꽃잎이나 나뭇잎, 작은 나뭇조각이나 돌멩이를 분류하면서 시각적 변별력을 높이고 심미감을 발달시킬 수도 있어요.

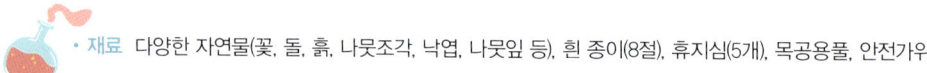

• 재료 다양한 자연물(꽃, 돌, 흙, 나뭇조각, 낙엽, 나뭇잎 등), 흰 종이(8절), 휴지심(5개), 목공용풀, 안전가위

- 최대한 다양한 자연물을 수집하여 배치해 보세요.
- 휴지심의 높이를 다르게 잘라 종이를 구성해도 좋아요.
- 각각의 자연물이 가진 특성을 충분히 탐색할 수 있도록 해 주세요.

01 휴지심을 가로로 잘라요(약 5cm 높이).

02 목공용풀을 사용하여 흰색 종이에 원하는 모양으로 휴지심을 붙여 주세요.

03 휴지심 안에 자연물을 넣고 느껴지는 것들에 대해 이야기를 나누어 보세요.

미대엄마의 미술육아

놀이하려고 집에 모아 둔 휴지심이 많아서 어떻게 할지 고민했어요.
좋은 미술 재료인데 손이 잘 가지 않아 이래저래 미루다가, 아이와 함께 자연물을 담아 변신시켜 주었답니다. 화단에서 흙도 조금 퍼 오고 화분에서 떨어진 나뭇잎도 모아 보며, 아이와 함께 종일 재료를 찾아다녔던 기억이 나요.

'바닥에 떨어진 자연물 재료를 찾는 보물찾기를 너와 하다 보면
계절이 바뀌어 가는 걸 알 수 있었단다.'

재료 ★★☆ 놀이 ★★☆

31 반짝이는 꽃 얼음 모빌

자연물을 실내에서 관찰하며 꽃 얼음을 만들고, 다시 야외로 가지고 나가 놀이해 볼까요?
물이 얼음으로 변했다가 다시 물로 녹는 과정을 관찰하면서 사물의 변화를 인지할 수 있답니다.
같은 물질이 변하는 과정을 보면서 호기심을 자극하고, 물질의 특성에 대한 이해의 폭을 넓히는 놀이예요.
얼음이 어는 시간 동안 어떤 형태로 모빌이 완성될지 이야기하며 상상력을 자극해 주세요.
햇빛이 잘 드는 곳을 찾아보고 모빌을 매달면서 공간지각력과 주변 환경에 관한 관심도 높일 수 있답니다.

 • **재료** 물, 원형 얼음 몰드, 털실 또는 두꺼운 실, 자연물

 tip

☐ 실을 넣지 않은 꽃 얼음을 만들어 촉감놀이를 해도 좋아요.
☐ 꽃 얼음 모빌이 녹으면서 떨어지는 물의 감촉을 느껴 보세요.
☐ 얼음 위에 소금을 뿌리면 얼음이 더 빨리 녹는 것을 볼 수 있어요.
☐ 원형 몰드가 없다면 종이컵으로 얼음을 얼려서 모빌을 만들 수 있어요.
☐ 식용색소나 물감을 1~2방울 넣으면 색깔이 있는 꽃 얼음이 완성된답니다.

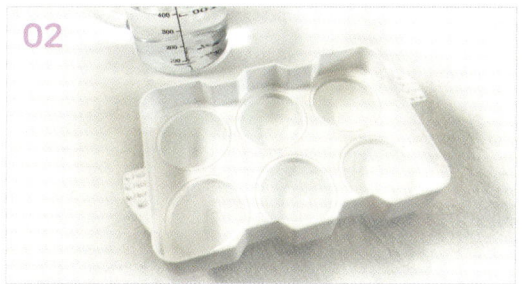

01 재료를 준비해요.
02 원형 얼음 몰드에 물을 담아요.
03 몰드 안에 자연물을 넣어요.
04 털실을 사진과 같이 몰드 가운데에 올려 주세요.
05 몰드를 냉장고에 넣어서 얼린 후 얼음을 꺼내요.
06 얼음이 만들어지면 야외로 가지고 나가서 나뭇가지에 걸고 녹는 모습을 관찰해 보아요.

 **미대엄마의 미술육아**

얼음 모빌을 나무에 걸어 두고 아이스크림을 먹으면서
똑똑 떨어지는 물과 햇빛에 반짝이는 꽃 얼음을 보며 예뻐했던 날이 떠올라요.
얼음을 유난히 좋아하는 딸아이와의 얼음놀이는 언제나 즐거워요.
'녹아서 물이 되어 버리는 얼음처럼, 네 입에서 녹고 있는 아이스크림처럼,
너는 엄마의 삶에 녹아들고 있어. 사랑해.'

재료 ★★★ 놀이 ★★☆

32
꽃으로 만드는 붓

긴 나뭇가지에 꽃이나 자연물을 연결하여 붓으로 만들어 보세요. 일반 붓과는 다른 느낌으로
물감을 표현할 수 있답니다. 그림을 세밀하게 그려야 한다고 생각하는 아이들의 긴장을 완화하기에 좋아요.
종이에 그려진 물감 자국뿐 아니라 자연물 브러시에 묻은 물감도 관찰해 보세요.
물감이 묻은 자연물 자체도 흥미로운 작품이 될 수 있으니까요.
아크릴 물감을 사용하면 자연물에 물감이 그대로 굳기 때문에 작은 병에 넣고 재배치하여 예쁜 조형물을 만들 수 있어요.

 • 재료 꽃, 나뭇가지(4~5개), 흰 종이(8절), 아크릴 물감(4색 이상), 마스킹 테이프

□ 가시가 있는 종류의 꽃은 피해 주세요.
□ 그림을 그리면서 떨어지는 꽃잎이나 잎사귀를 자연스럽게 두면 재미있는 그림이 완성될 거예요.
□ 묽은 물감보다는 발색력이 높은 아크릴 물감이 좋아요. 아크릴 물감을 물로 희석하면 종이에 더 매끄럽게 발린답니다.

01

02

03

04

05

01 꽃 모양을 관찰해 보아요.
02 마스킹 테이프로 나뭇가지에 꽃과 잎사귀를 묶어 주세요.
03 종이에 물감을 짠 뒤 꽃에 물감을 묻혀요.
04 종이에 선을 그어 보아요.
05 물감이 묻은 꽃을 관찰해 보세요.

미대엄마의 미술육아

예쁜 꽃에 물감을 묻혀 그림을 그리는 놀이를 할 때면
아이 얼굴에 피어난 웃음을 실컷 볼 수 있어요.
물감의 색도 꽃도 아이의 얼굴도 모두가 아름답게 느껴지는 놀이였어요.
'꽃처럼 아름다운 너의 미소는 아무리 봐도 질리지 않아.'

재료 ★★☆ 놀이 ★☆☆

33 쪼물쪼물 온기를 담은 점토

점토는 아이들의 촉감 발달에 정말 좋은 미술 재료입니다. 손으로 둥글게 뭉치고 뜯고 문지르고 길게 늘이며, 손의 미세한 근육을 사용하여 형태를 만들어 낼 수 있어요. 손으로 점토를 주무르는 시간이 늘어날수록 점토가 부드러워지고 따뜻해져요. 따뜻하고 부드러운 점토를 주무르다 보면, 스킨십하는 기분이 들어 편안함을 느낄 수 있답니다. 이런 특성 때문에 점토는 미술치료에서도 이완을 위한 재료로 사용해요.

- **재료** 자연물(솔방울, 꽃, 나뭇조각, 나뭇가지, 조개, 돌멩이 등), 점토(1개 이상), 점토놀이 도구
- **옵션** 끈, 다양한 피규어

tip
□ 뾰족한 돌멩이나 나뭇조각이 없는지 보호자가 미리 살펴봐 주세요.
□ 점토놀이 도구가 없으면 주방놀이 도구를 사용해도 좋아요.
□ 나누어진 트레이에 자연물을 분류하며 놀이해요.
□ 자연물과 어울리는 색의 점토로 조형물을 만들어 보세요.

01 여러 가지 종류의 자연물을 준비해요.
02 점토와 자연물을 사용하여 자유롭게 형태를 만들어요.
03 점토놀이 도구를 이용해 보세요.
04 끈으로 자연물과 점토를 이어 보아도 재미있어요.

 **미대엄마의 미술육아**

놀아 주기 힘들거나 바쁠 때, 점토 하나만 있으면 조물거리며 잘 기다려 주는 아이에게 항상 고마워요. 아주 어릴 때부터 점토를 많이 가지고 놀아서인지, 지금은 제법 익숙하게 무언가를 만들어 내는 모습을 보입니다.

'점토 하나로 수많은 놀이를 하는 널 보면 신기하기도 하고 대견하기도 해. 엄마 생각에 점토는 최고의 놀잇감인 것 같아!'

재료 ★★★ 놀이 ★☆☆

34
투명한 나만의 그림 세상

넓은 야외에서 미술놀이를 하면 큰 신체활동이 많다는 장점이 있어요.
투명한 이젤은 평소에 사용하는 종이와 달리 주변 자연환경을 그대로
비춰 주어서 아이들의 호기심을 더욱 자극할 수 있답니다.
투명 이젤이 없다면 아크릴판을 이젤처럼 세우고 그림을 그려도 좋아요.
일반 물감보다는 셰이빙폼을 이용하여 그림을 그리며, 촉감과 공감각을 함께 느껴 보세요.

- **재료** 셰이빙폼(1개), 식용색소(3색 이상), 붓(다양한 크기), 투명 이젤 또는 투명 아크릴판
- **옵션** 쿠키틀

□ 셰이빙폼이 눈에 들어가지 않도록 주의하세요.
□ 식용색소 원액이 손에 묻으면 지워지는 데 1~2일 정도 걸릴 수 있어요.
□ 셰이빙폼과 색소를 섞어서 종이에 그림을 그려 보아도 좋아요.
□ 붓을 사용하기 어려운 아이들은 손으로 만지며 놀이할 수 있게 해 주세요.

01 재료를 준비해서 야외로 나가요.
02 셰이빙폼에 식용색소를 4~5방울 떨어트려요.
03 붓을 사용해 잘 섞어 주세요.
04 셰이빙폼 물감으로 투명 이젤에 그림을 그려요.
05 색이 섞인 셰이빙폼을 만지고 탐색하면서 놀아요.

미대엄마의 미술육아

자기보다 큰 화면 앞에 서서 그림 그리는 아이는 어떤 기분일까요?
멋지게 그려야 한다는 부담도 제약도 없는 자유로운 공간이, 그저 즐겁지 않을까요?
'네가 살아갈 세상이 자유롭고 즐거웠으면 좋겠어. 엄마가 그런 세상을 만들어 볼게.'

재료 ★★☆ 놀이 ★☆☆

35
바다 전시회

조개껍데기, 나뭇가지, 해초, 돌멩이 등의 자연물을 자유롭게 탐색하는 놀이 시간!
자연물을 손으로 만지고, 발로 밟아 보고, 냄새도 맡는 과정에서 수많은 신경세포가 자극된답니다.
충분한 탐색이 끝난 후, 자리에 앉아 자연물에 그림을 그리는 놀이를 즐겨 보아요.
예쁘게 꾸민 자연물을 내 맘대로 배치하여 멋진 야외 전시회를 열어도 좋아요.

- **재료** 조개껍데기, 아크릴 물감(3색 이상), 아크릴 마커(3색 이상), 붓(세필), 모래놀이 도구
- **옵션** 양파 망

01 모래놀이 도구를 사용해 해변에서 조개를 찾아요.

02 바닷물로 조개를 씻어서 모래를 털어 내요.

03 아크릴 물감과 아크릴 마커로 조개를 꾸며 보세요.

04 모래사장에 조개를 올려놓고 나만의 전시회를 열어요.

05 꾸미기 도구가 없다면 조개의 위치를 모래 위에서 바꾸며 놀이해도 좋아요.

tip
- 양파 망 같은 도구를 챙겨 가면 자연물을 채집하기 좋아요.
- 깨져서 날카로운 조개가 있을 수 있어요. 놀이 전에 보호자가 확인해 주세요.
- 모래만 가지고도 입체적인 형태를 만들면서 미술놀이를 할 수 있답니다.

해변에서 뛰어놀다가 긴 나뭇가지를 주워 와 모래를 파고 무언가 만드는 아이.
열중하는 모습에 그만 다른 엄마들처럼 '내 딸이 영재는 아닐까?' 하는 생각을 했어요.
'네가 한 문장을 말하고, 두 발로 스스로 걷고, 뭐든 잘 기억하고,
엄마는 보지 못한 걸 찾아내는 것까지, 하나하나 모두 대견하고 신기해.
남들에게는 당연한 일이지만 네가 하는 모든 행동이 엄마 눈에는 대단한 감동이란다.'

재료 ★★☆ 놀이 ★☆☆

36
흙과 함께 자라는 아이

재료 준비의 부담 없이 아이와 신나는 자연놀이를 즐겨 보세요.
미술 재료를 구매하지 않아도 주위에 있는 자연물들을 활용하여 멋진 놀이를 할 수 있답니다.
흙과 물을 섞어서 평면 이미지를 만들고, 다시 입체 조형을 만들며 응용력과 창의성이 쑥쑥 자라요.
흙놀이에는 생각보다 많은 교육적 효과와 정서 안정, 그리고 신체 발달 효과가 있어요.
자연 속에서 놀며 흙투성이가 된 아이의 모습. 몸도 마음도 건강하게 성장하는 중이랍니다.

- **재료** 여러 종류의 흙, 다양한 자연물, 물(조금), 접시(여러 장), 흙 담을 도구, 종이, 붓(다양한 크기)
- **옵션** 그리기 도구, 놀이가운 또는 앞치마

tip
- ☐ 흙놀이를 할 때는 여벌의 옷을 가지고 나가기를 추천해요.
- ☐ 고운 흙이 아니어도 좋아요. 다양한 흙의 질감을 탐색할 수 있도록 해요.
- ☐ 시간의 여유를 가지고 보호자와 함께 흙을 찾아 멀리 가 보아도 좋아요.

01 색과 질감이 다른 흙들을 모아요.
02 흙을 물과 섞은 후, 붓으로 그림을 그려 보세요.
03 흙과 자연물을 활용하여 입체로 만들어 보아요.
04 그리기 도구가 있다면 색깔을 추가해도 재미있어요.
05 최대한 자유롭게 흙과 자연물을 가지고 놀이할 수 있도록 지켜봐 주세요.

미대엄마의 미술육아

아이와 친정엄마가 함께 미술놀이를 하는 모습을 보면 언제나 행복해요.
3대가 같이 좋아하는 취미를 즐길 수 있다는 것도 큰 복이라는 생각이 들어요.
'할머니, 엄마, 그리고 네가 함께 그림 그리는 이 순간도 시간이 지나면 기억에서 흐려지겠지.
하지만 이 행복한 추억들이 흙냄새처럼 손끝에 묻어, 네가 자라는 데 양분이 되길 바란다.'

재료 ★☆☆ 놀이 ★★☆

37
햇빛과 함께 그리는 그림자 그림

종이 위에 생기는 피규어 그림자를 관찰하며 따라 그리는 놀이예요.
피규어를 이리저리 움직이면 형태가 따라 변하는 수십 가지 그림자 모양을 찾아보세요.
그림자의 원리를 배울 수 있고, 그림자를 따라 그리면서 집중력도 향상된답니다.
피규어를 따라 그리는 것과 그림자 형태를 따라 그리는 것의 차이점에 관해 이야기해도 좋아요.
피규어 대신 손이나 발 등의 신체 그림자를 종이에 그려 볼 수도 있어요.

 • 재료 동물 모양 피규어, 흰 종이(8절 크기 3장 이상), 크레용 또는 색연필(3색 이상)

> **tip**
> ☐ 모양이 복잡하지 않은 피규어가 그림자를 따라 그리기에 좋아요.
> ☐ 피규어를 이리저리 움직이며 여러 가지 형태를 찾아보세요.
> ☐ 보호자의 손그림자를 따라 선을 그려 보는 것도 재미있어요.

01 해가 잘 드는 곳에 흰 종이를 두고 피규어를 올려요.

02 피규어의 그림자 모양을 관찰해 보세요.

03 색연필이나 크레용으로 그림자의 형태를 따라 선을 그려요.

04 선을 따라 그리기 어려운 어린아이들은 자유롭게 느낌을 표현하도록 도와주세요.

미대엄마의 미술육아

날씨 좋은 날, 아이가 좋아하는 피규어들을 들고 산에 올라 그림자놀이를 했어요. 잠자기 전에 손그림자 만들며 즐거워하는 아이 모습에 떠오른 미술놀이랍니다. 종이에 생기는 그림자가 신기했는지 요리조리 살피는 아이를 보는 게, 엄마에겐 또 다른 놀이가 되었어요.

'밝은 빛 뒤에는 그림자가 있는 법이란다. 어떤 일이든 항상 빛과 그림자가 함께있다는 걸 알고 있으렴. 네가 더 자라서 엄마와 깊은 이야기를 할 수 있는 날이 오길 기다리고 있을게.'

재료 ★★☆ 놀이 ★★☆

38
칙칙 신나는 컬러 스프레이

자연물을 종이 위에 올리고 스프레이로 물감을 뿌리는 놀이예요.
스프레이에 물과 물감을 섞어 종이에 뿌리면, 붓으로 그린 그림과는 다른 느낌의 효과를 얻을 수 있어요.
붓이나 색연필을 가지고 형태를 그리기 어려운 아이들도 즐겁게 놀 수 있지요.
아주 어린 아이들은 스프레이로 물감을 뿌리고 자연물을 제거하는 과정만 함께해도 좋아요.
미술놀이의 전 과정을 함께해야 한다는 부담을 버리면 아이도 엄마도 훨씬 더 즐겁답니다.

- 재료 스프레이(3개), 수채화 물감 또는 핑거페인트(3색), 물(조금), 흰 종이(8절 크기 여러 장), 자연물(나뭇잎, 풀잎 등)
- 옵션 그리기 도구

tip
- 원하는 채도가 나오도록 물감과 물의 비율을 아이와 함께 조절하세요.
- 한 가지 색을 뿌린 후, 말리고 나서 또 다른 색을 뿌리면 색이 섞이지 않아요.
- 검은색 종이에 흰색 물감을 뿌려도 재미있는 이미지를 얻을 수 있어요.

01 자연물을 흰 종이 위에 올려 주세요.
02 스프레이에 물감과 물을 담고 자유롭게 뿌려요.
03 자연물의 이미지를 감상해요.
04 종이 위의 자연물을 제거하면서 이미지를 상상해 보세요.
05 여러 장의 종이에 자유롭게 스프레이를 뿌리며 놀아요.

미대엄마의 미술육아

아이가 어릴 땐 스프레이 뿌리기를 힘들어했어요.
두 돌이 지나자 손도 컸는지, 칙칙 잘 뿌리는 아이를 보고 부쩍 컸다는 걸 느꼈어요.
활동이 재미있었는지 손에서 놓지 않고 어디든 물감을 뿌리려 해서 실랑이도 참 많이 했죠.
'고집 센 너의 성격이 싫지 않아. 옳다고 생각하는 일에는, 때론 고집스럽게 밀고 나갈 줄 아는 강인함도 필요하거든. 필요할 때 강단을 발휘하는 멋진 고집쟁이가 되길 바라며…'

재료 ★☆☆ 놀이 ★☆☆

39 나무 친구 옷 그리기

때론 테이블 위가 아닌, 자연 속에서 나무 질감을 느끼고 풀 냄새를 맡으며 미술놀이를 해 볼까요?
자연 속에서 형태나 표현에 제약을 두지 않는 미술활동은 표현력에 대한 부담을 덜어 줍니다.
일어서서 큰 화면에 거칠게 표현하기 때문에 스트레스 해소에도 좋고
어깨와 팔의 큰 동작을 사용하게 되어서 조금 더 과감하게 그릴 수 있죠.
그림 그리기에 소극적인 아이들에게도 추천하는 방법이랍니다.

- 재료 종이(전지 크기), 박스테이프, 붓(다양한 크기), 아크릴 물감 또는 수채화 물감, 팔레트, 물통과 물
- 옵션 놀이가운 또는 앞치마

tip
☐ 나무가 다치지 않도록 조심하며 놀이를 진행해요.
☐ 아이의 키 높이에 맞추어 종이를 붙여 주세요.
☐ 나무와 이야기를 나누면서 그림을 그리도록 유도해 주세요.

01

02

03

04

01 재료를 준비하고 그림을 그리기 좋은 나무를 찾아요.
02 전지 크기의 종이를 나무에 감고 테이프로 고정해요.
03 물감을 섞어 보며 원하는 색깔을 만들어요.
04 종이에 자유롭게 그림을 그리며 나무와 이야기를 나누어 보아요.

미대엄마의 미술육아

미술놀이 도구를 챙겨 친정엄마, 아이와 함께 공원에서 숲 내음을 맡으며 그림을 그렸어요.
나무를 두른 종이 도화지에 아이가 무언가를 진지하게 표현하는 모습을 지켜보았죠.
어느 날, 시간이 흘러 그림을 그렸던 나무 옆을 지나가는데
"함마마(할머니)랑 엄마랑 그림 그린 나무?"라며 그때를 또렷이 기억하는 아이의 말에 깜짝 놀랐어요.
너무 어려서 기억을 못 할 줄 알았는데, 아이 마음 속에는 그날이 고스란히 저장되었나 봅니다.

재료 ★★★ 놀이 ★☆☆

40 햇빛이 보여 주는 푸른 그림

나뭇잎 또는 작은 자연물을 감광지 위에 올려서 신기한 이미지를 얻어 보세요!
감광지는 햇빛을 받으면 색이 변하는 신기한 종이예요.
감광제가 발라진 종이는 자외선을 받으면 색이 연해지는 성질을 가지고 있어요.
야외에 나갈 때 감광지를 몇 장 챙겨 가면 아이와 간단한 이미지를 찾으며 재미있게 놀이할 수 있답니다.

- **재료** OHP 필름 1장(A4 크기), 감광지(3장 이상), 물, 자연물
- **옵션** 나무집게, 끈

tip
- 감광지는 절대 미리 꺼내 두지 마세요.
- 햇빛에 너무 오래 노출하면 이미지가 잘 나오지 않을 수 있으니 주의하세요.
- 감광지로 엽서를 만들어도 좋아요.
- 투명한 OHP 필름에 유성펜으로 그림을 그리고 감광지 위에 올려 두어도 원하는 이미지를 얻을 수 있어요.

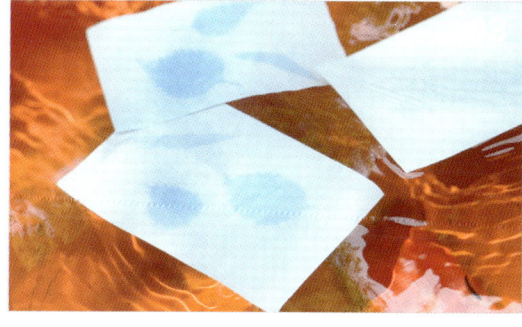

01 나뭇잎이나 풀잎을 모아요.
02 감광지에 나뭇잎을 올리고 OHP 필름으로 누른 뒤, 2~3분간 햇빛에 노출해요.
03 감광지를 찬물에 1분 정도 넣었다가 꺼내 주세요.
04 반듯하게 펼쳐서 말린 후 감상해 보아요.

미대엄마의 미술육아

아이와 자주 가는 뒷산 수돗가에서 감광지를 씻으며 시원하게 물장난했던 기억이 나요.
그 수돗가를 지날 때면 항상 물놀이를 하고 옷이 흠뻑 젖어야 집에 들어가곤 해요.
'옷이 젖어도 더러워져도 말리지 않는 엄마 때문인지, 털털하게 잘 자라 주고 있는 네가 참 예뻐.'

🌸 **미대엄마가 알려 드려요!**

자연 미술놀이가
아이의 정서 발달에 주는 5가지 효과

① 정서지능이 발달해요.

정서지능은 자신과 타인의 정서를 이해하고 표현하는 능력을 말해요. 자연 속에서 놀이한 아이들은 그렇지 않은 아이들에 비해 정서지능이 높다는 연구 결과들이 있어요. 미술놀이를 통해 자신의 감정을 다스리고, 다른 사람을 배려하는 능력을 기를 수 있답니다. 정서지능은 후천적으로 기를 수 있기 때문에 아이들과 실외 공간에서 자주 미술놀이를 즐기면 좋아요.

② 환경을 사랑하는 마음을 가질 수 있어요.

도시가 익숙한 아이들은 상대적으로 자연 속에서 놀 수 있는 기회가 적어요. 일부러라도 자연을 체험할 수 있는 기회를 주는 것이 필요하다고 생각해요. 자연물을 미술 재료로 사용하면서 자연에 대한 관심이 커질 수 있답니다. 숲이나 바다 같은 자연 속에서 느꼈던 행복한 기억은, 아이가 성장했을 때 자연스럽게 환경오염, 동물·자연 보호와 같은 인식으로 연결될 수 있어요. 환경을 아끼고 사랑하는 넓은 사고를 가진 아이로 자랄 수 있도록 도와주세요.

③ 자연물을 탐색하며 다양성과 통일성을 느낄 수 있어요.

인공물과 다르게 자연물은 비구조화되어 있어 매우 다양한 형태와 질감을 경험할 수 있어요. 예를 들어, 같은 나뭇잎이라도 각각의 나뭇잎마다 다른 색, 모양, 크기, 향기, 질감 등을 가지고 있죠. 하지만 조약돌과 비교하며 놀이했을 때에는 큰 분류의 공통점이 있기 때문에 통일성을 동시에 느낄 수 있답니다. 이처럼 자연물을 관찰하면서 아이들은 다양성과 통일성을 인지할 수 있어요.

④ 창의력을 기를 수 있어요.

제한된 공간을 벗어나 자연 속에서 즐기는 미술놀이는 창의력을 증진시켜요. 아이가 보고 싶은 것을 보며 스스로 재료를 찾을 수 있기 때문에 창의력과 응용력을 기를 수 있답니다. 보호자가 제공해 주는 재료 외에 직접 재료를 찾아서 미술 작품으로 만드는 과정은 매우 능동적인 활동입니다. 꼭 자연에서 하는 미술놀이가 아니더라도 원하는 재료를 찾아서 미술놀이를 해 보면 좋아요.

⑤ 강한 아이로 성장할 수 있어요.

햇빛 아래서 풀 내음을 맡으며 흙을 밟는 체험은 아이들의 면역력 증진과 스트레스 해소에 도움을 주어, 아이들이 건강하게 성장할 수 있도록 도움을 줍니다. 신체적·정신적 건강을 위해서 자연 체험은 필수적이에요. 아이가 성장하는 데 건강만큼 중요한 부분이 있을까요? 몸과 마음의 건강을 위해서 자연을 즐기며 미술놀이를 해 보세요.

3장
즐거운 놀이로 성장 발달 높이기

재료 ★★☆ 놀이 ★☆☆

41
꼬물꼬물 무지개 코인티슈

무지개 모양으로 꾸미고 색칠하며 놀 수 있는 알록달록 코인티슈.
물에 닿으면 팽창하고 움직여서 아이들에게 인기 만점인 놀이 재료예요.
납작하고 동그란 모양의 코인티슈를 가지고 놀다가,
물에 닿으면 어떻게 팽창하는지 함께 관찰해 보세요.

- **재료** 물(1컵), 수성사인펜(5색 이상), 코인티슈, 스포이트 또는 물약병
- **옵션** 식용색소 또는 물감

tip
- ☐ 색깔 이름을 배울 수 있어요.
- ☐ 조금씩 물을 뿌리며 관찰해 보세요.
- ☐ 식용색소를 물에 희석해서 코인티슈에 뿌려도 좋아요.
- ☐ 코인티슈가 움직이는 모양을 관찰하며 대화를 나눠요.
- ☐ 코인티슈를 펼쳐서 말리면 꾸미기 재료로 활용할 수 있어요.
- ☐ 목공용풀로 종이에 코인티슈를 붙이며, 여러 가지 모양으로 만들어 보세요.

01 코인티슈를 준비하면서 동그란 모양을 탐색해 보아요.
02 수성사인펜으로 코인티슈를 색칠해요.
03 코인티슈로 무지개 모양을 만들어요.
04 스포이트 또는 물약병을 이용해서 물을 뿌려요.
05 물을 흡수하며 움직이는 코인티슈를 관찰해요.

**미대엄마의
미술육아**

동글동글한 코인티슈에 물을 뿌리면 마치 살아 있는 생물처럼 꼬물꼬물 움직이는데, 아이의 눈에는 이것보다 재미있는 놀이가 없나 봐요. 숨겨둔 코인티슈를 들고 와서 자꾸 놀이를 하자고 하는 아이를 이길 수가 없었던 기억이 나요.

'꼬물거리는 코인티슈를 보면 네가 엄마 배 속에서 꼬물거리던 기억이 떠올라.
어느새 이렇게 커서 대화도 하고 같이 놀 수 있는지, 엄마는 그저 신기하기만 하단다.'

재료 ★★☆ 놀이 ★★☆

★ 42
팡팡 마블링 달걀 껍데기 깨기

요리하고 남은 달걀 껍데기를 모아 재미있는 놀이를 해 볼까요?
달걀 껍데기에 마블링을 입히고 채색도 해 보세요.
부드러운 셰이빙폼의 촉감과 딱딱한 달걀 껍데기의 촉감도 비교할 수 있답니다.
마블링 무늬가 생긴 달걀 껍데기를 예쁘게 장식하거나, 장난감 망치로 두들기며 신체놀이도 할 수 있어요.

- 재료 셰이빙폼(2컵), 달걀 껍데기(6개 이상), 아크릴 물감 또는 식용색소(3색 이상), 나무젓가락, 장난감 망치, 비닐, 움푹한 접시
- 옵션 놀이매트

tip
- ☐ 달걀 껍데기를 마음껏 부수며 놀이하면, 활동량 많은 아이들이 에너지를 발산하기 좋답니다.
- ☐ 달걀 껍데기 외에도 버려지는 것들을 활용할 수 있는 놀이가 또 무엇이 있을지 아이와 이야기를 나눠 보세요.

01 달걀 껍데기를 깨끗하게 씻어서 말려 주세요.
02 움푹한 접시에 셰이빙폼을 담고 식용색소를 군데군데 떨어트려요.
03 나무젓가락으로 휘저으면서 마블링을 만들어요.
04 달걀 껍데기를 03에 넣어 마블링을 찍어 주세요.
05 마블링이 잘 염색되도록 달걀 껍데기를 뒤집어 말려요.
06 바닥에 비닐을 깔고 달걀 껍데기를 장난감 망치로 두들기며, 깨지는 소리와 모양을 관찰해 보세요.

미대엄마의 미술육아

망치로 신나게 달걀 껍데기를 두들기며 스트레스를 푸는 듯한 아이를 보고 있으니,
덩달아 제 스트레스도 풀리는 것 같은 기분이 들었던 놀이랍니다.
'그래, 그렇게 시원하게 깨부수고! 시원하게 웃자!'

재료 ★★☆ 놀이 ★★★

43 내 맘대로 소금 점토

소금과 밀가루로 안전하고 재미있는 점토를 만들어 볼까요?
소금이 밀가루 반죽의 경화 작용을 도와줘서 점토를 단단하게 굳힐 수 있어요.
반죽이 쉽게 변질되는 것을 막아 주는 소금 덕분에 보관 기간도 길어서
한 번에 여러 색을 만들어 두고 생각날 때 꺼내 놀기 좋아요.
어린아이들은 쿠키커터를 사용해 재미있는 모양을 만들 수 있답니다.

- 재료 물(1컵), 밀가루(2컵), 소금(1컵), 식용색소(2색 이상)
- 옵션 점토놀이 도구, 제과제빵 도구, 놀이매트, 오븐

tip
- 손도장이나 발도장을 찍어서 굳혀 보세요.
- 여러 가지 색으로 만들어 보관해 두어도 좋아요.
- 완전히 밀폐해서 보관하면 일주일 정도 재사용할 수 있어요.
- 단단하게 굳은 점토 위에 아크릴 물감을 사용하여 그림을 그릴 수 있어요.
- 질감이 너무 질퍽하면 밀가루를 추가하고, 잘 뭉쳐지지 않으면 물을 조금 추가해요.

01 밀가루와 소금의 촉감을 비교해 보아요.
02 밀가루(2컵), 소금(1컵), 물(1컵)을 섞고 식용색소를 넣어요.
03 재료를 섞으면서 반죽놀이를 해요.
04 반죽놀이가 끝나면 손으로 모양을 만들거나, 쿠키커터를 이용해 찍어요.
05 건조한 곳에 두고 말려요(오븐으로 100℃에서 2시간 정도 구우면 점토가 단단해져서 오래 보관할 수 있어요).

미대엄마의 미술육아

소금 점토에 아이 손바닥과 발바닥을 찍어 오븐에 구웠어요. 빵 굽는 냄새를 맡으며 완성된 점토를 기다렸답니다. 아이의 작고 귀여운 손 모양을 남기고 싶은 건, 모든 엄마들의 마음인 것 같아요. 손도장 그림놀이도 자주 하지만, 점토에 찍어 두니 더 특별해 보였답니다.

'작은 네가 훌쩍 커 버리는 게 아쉬워서 이렇게 하나하나 남겨 두나 봐.
엄마는 너의 작은 손을 영원히 기억하고 싶단다.'

 재료 ★★☆ 놀이 ★★★

★ 44 신기한 크림 점토 만들기

크림처럼 부드러운 점토를 만들어 보는 놀이예요.
만드는 방법이 재미있어서 아이들이 흥미를 느끼며 놀이할 수 있어요.
부드러운 셰이빙폼과 전분가루를 반복해서 뭉치고 반죽하다 보면, 신기한 느낌의 점토가 완성되어요.
보들보들 재미있는 촉감을 느끼며 크림 점토놀이를 해 보세요.

- **재료** 셰이빙폼(1컵), 전분가루(1컵), 식용색소, 볼 또는 접시
- **옵션** 점토놀이 도구, 제과제빵 도구, 놀이매트

tip
- 여러 가지 색깔의 점토를 만들어 보세요.
- 물을 붓기 전에 밀폐용기에 보관하면 1~2일 동안 재사용할 수 있어요.
- 점토가 너무 질퍽하면 전분가루를 추가하고, 잘 뭉쳐지지 않으면 셰이빙폼을 더 넣어 주세요.

01 셰이빙폼 1컵에 식용색소 2~3방울을 떨어트려요.
02 셰이빙폼과 식용색소를 잘 섞어 주세요.
03 02에 전분가루 1컵을 넣어요.
04 손으로 치대면서 계속 뭉쳐 주세요.
05 완성한 점토로 모양을 만들며 즐겁게 놀아요.

미대엄마의 미술육아

대용량 전분가루를 구매해 두었다가, 놀이하고 싶을 때 꺼내어 사용하면 정말 좋아요.
부엌에서 전분가루를 꺼내면 쪼르르 달려와서
미술놀이를 기다리는 아이를 보니, 미술놀이에 얼마나 자주 사용했는지 알 것 같네요.
'네가 자라서 엄마가 준비해 주는 놀이를 시시해 하면 어쩌지?
네가 자라는 만큼 엄마도 성장할게. 시간이 지나도 함께 즐겁게 놀자.'

45 지퍼팩 컬러 몬스터

구강기가 끝나지 않아 미술놀이를 해 주기 망설여지는 아이들에게 좋은 놀이예요.
손에 재료가 묻는 느낌을 싫어하는 아이들에게도 좋겠죠.
물감이나 재료가 손에 묻어나지 않아 아이들이 마음껏 놀 수 있어요.
투명한 지퍼팩에 무엇이든 넣고 관찰하고 탐색하면서 놀아 보세요!
빛에 비추어 보면 안에 들어 있는 물감과 물풀이 예쁘게 섞이는 모습을 관찰할 수 있답니다.

- **재료** 물풀(1컵), 지퍼팩(1장), 식용색소 또는 물감, 꾸미기 눈알
- **옵션** 반짝이 가루, 테이프

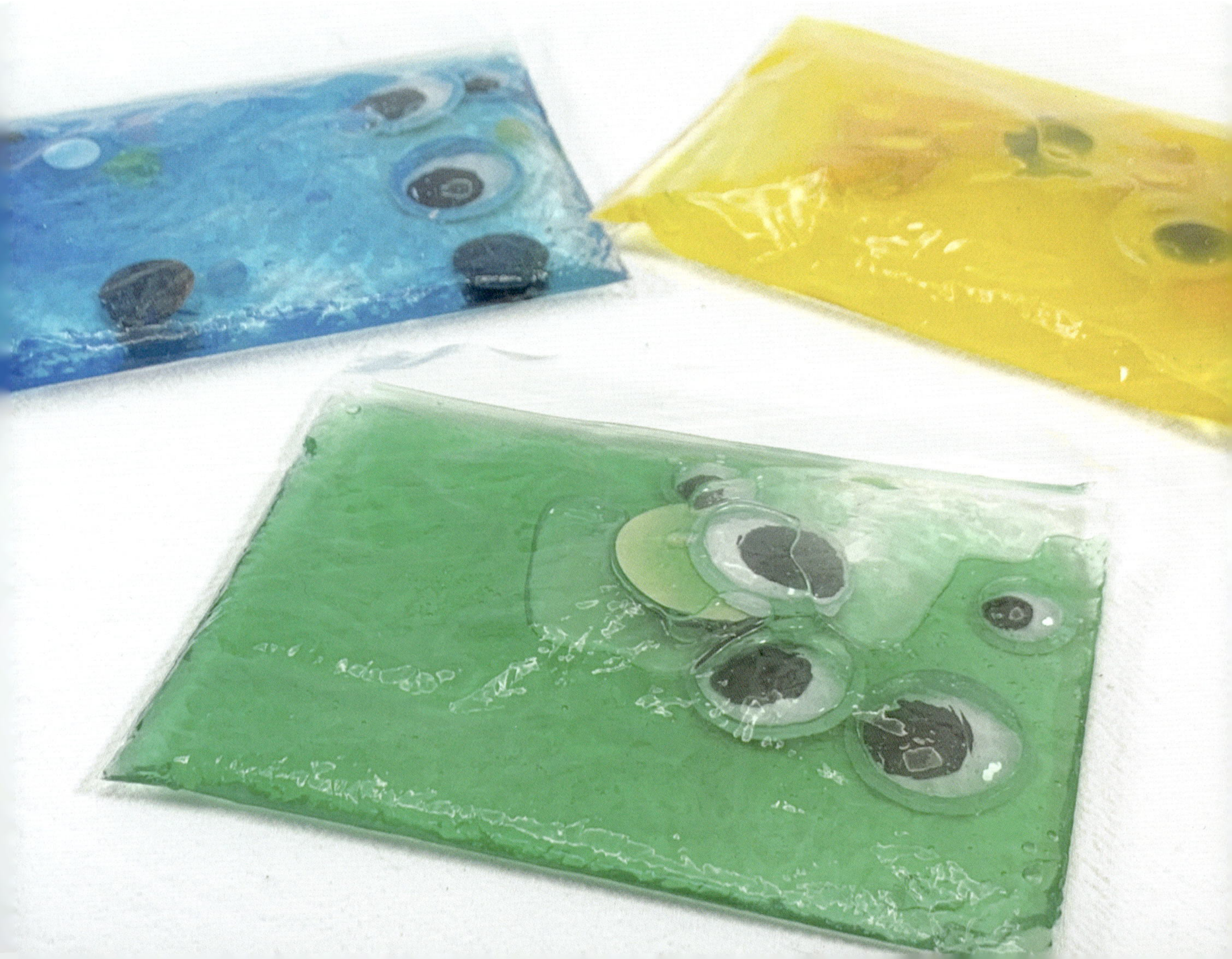

tip
- 물풀 대신 오일과 물을 넣어도 좋답니다.
- 지퍼팩이 터지지 않도록 테이프로 한 번 더 밀봉해 주면 좋아요.
- 스팽글, 반짝이 가루, 비즈 등의 꾸미기 재료를 함께 넣어도 좋아요.
- 색깔과 어울리는 재료들을 넣어 보면서 미적 감각을 기를 수 있어요.
- 연령이 높은 아이들은 유성매직으로 지퍼팩에 그림을 그리며, 확장된 미술놀이를 할 수 있어요.

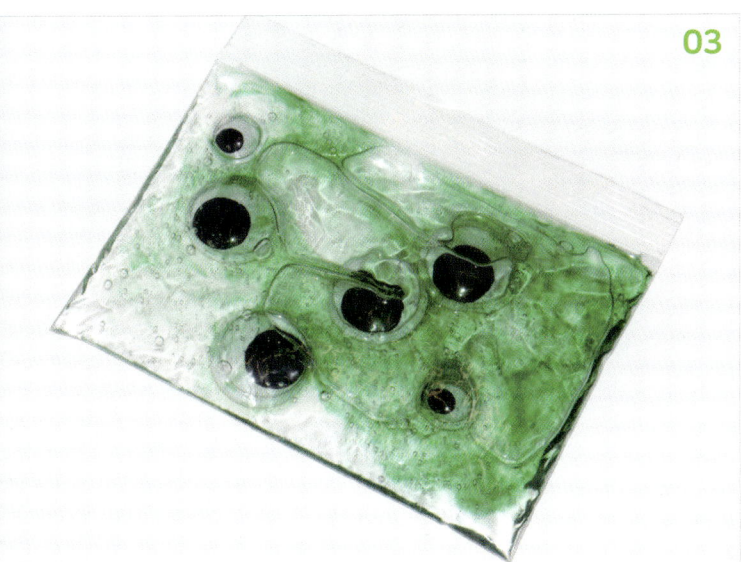

01 물풀을 지퍼팩에 1/3 정도 담아 주세요.
02 꾸미기 눈알과 식용색소도 넣어요.
03 지퍼팩을 만지면서 컬러가 섞이는 모습을 관찰해요.
04 다양한 색의 지퍼팩을 여러 개 만들어 보세요.

아이가 겨우 앉기 시작했을 땐, 할 수 있는 놀이가 제한적이어서
어떤 놀이를 할까 매일 고민했어요.
이렇게 만든 엄마표 장난감으로 아이와 시간을 보내곤 했답니다.
'네가 아주 어렸을 때, 세상에 하나뿐인 장난감으로 보냈던 시간들이 행복으로 기억되길.'

재료 ★☆☆ 놀이 ★☆☆

46 쭉쭉 밀면서 그리는 그림

버리는 박스를 잘라 만든 조각으로 물감을 밀어내는 도구를 만들어 보세요.
재활용품을 활용해서 만들면 더 좋겠죠?
환경을 위해서도 좋고, 교육적 효과도 있답니다.
물감을 이리저리 밀어내다 보면 생각하지 못한 형상이 생기곤 해요.
만들어진 이미지에 대한 느낌을 자유롭게 나누어 보아요.

• 재료 박스 조각(8cm 이상), 아크릴 물감(4색 이상), 흰 종이(8절), 안전가위

tip
- □ 박스 조각 대신 버리는 카드를 사용해도 좋아요.
- □ 표현하고 싶은 형태를 정하고 스케치 없이 그려 보세요.
- □ 엄마와 양쪽에서 동시에 물감을 밀면서 이미지를 만들어 보세요.

01

02

03

04

01 박스를 신용카드 정도의 크기로 잘라서 준비해요.
02 종이에 색색의 물감을 짜 주세요.
03 박스 조각으로 물감을 밀어내요.
04 여러 가지 모양으로 밀어내며 그림을 그려 보세요.

미대엄마의 미술육아

하루에도 몇 개씩 오는 택배 상자를 버리는 것도 일이 되어 버린 어느 날, 아이와 해 본 놀이예요. 물감을 쭉쭉 짜고 싱지 조각으로 밀기만 하면 예쁜 색이 나와서 아이도 엄마도 즐거운 놀이였죠. 어린아이들은 물감을 짜는 행위 자체를 정말 좋아해요. 물약병에 물감을 덜어 마음껏 짜고 밀면서 놀이해 보세요. 놀이가 끝난 후 재활용에 관해서도 이야기하면 좋아요.

'움직임이 크고 활동량이 많은 놀이를 더 좋아하는 너. 신나게 물감을 밀어 종이를 가득 채우는 너를 보며 엄마도 에너지를 느껴. 지금처럼 씩씩하게 자라나길!'

재료 ★★☆ 놀이 ★☆☆

47
톡톡 뽁뽁이 그림

올록볼록한 뽁뽁이 위에 자유롭게 물감을 칠하고 종이에 찍어도 보아요!
물감을 바르기 전, 뽁뽁이를 손으로 눌러 터트려 보면서 아이가 재료를 충분히 탐색할 수 있게 해 주면 더욱 좋아요.
미술놀이 전에 재료를 관찰하고 탐색하는 시간도 즐거운 미술활동의 일부랍니다.
연령이 높은 아이들은 종이에 찍히는 동그란 모양들을 응용하여,
새로운 그림을 그려 보는 확장놀이를 해 보는 것을 추천해요.

- **재료** 흰 종이(8절), 넓적한 붓(약 7cm 크기), 뽁뽁이, 수채화 물감 또는 아크릴 물감

> **tip**
> ☐ 휴지심에 뽁뽁이를 말아서 도장을 찍어 보세요.
> ☐ 동그라미가 찍힌 모양을 연결해서 그림을 완성할 수 있어요.
> ☐ 뽁뽁이를 여러 가지 도형 모양으로 잘라서 찍으면 재미있는 효과를 얻을 수 있어요.

01

02

03

04

05

01 뽁뽁이를 손으로 만져 보고 터트려 보면서 마음껏 탐색해요.

02 뽁뽁이 위에 물감을 떨어트려요.

03 넓적한 붓으로 물감을 펴 발라요.

04 03 위에 종이를 덮고 손으로 살짝 누른 후 떼어 내요.

05 여러 가지 색과 모양으로 뽁뽁이 위에 물감을 펴 발라, 종이에 찍어 보세요.

미대엄마의 미술육아

뽁뽁이를 보면 어릴 때 하나씩 터트리며 재미있게 놀았던 기억이 나요.
별거 아닌 놀이인데 어릴 때는 왜 그렇게 재미있었는지 모르겠어요.
아이도 뽁뽁이만 주면 그렇게 좋아하며 하나씩 터트리며 놀아요.
택배 상자 안에서 반가운 재료를 발견하면 버리지 마시고, 아이와 미술놀이를 즐겨 보세요.

'네가 뽁뽁이 터트리기 놀이를 하는 모습을 보니, 엄마도 어릴 때 손끝에서
톡톡 터지던 그 느낌이 기억났어. 추억을 잠시 떠올리게 해 줘서 고마워.'

재료 ★☆☆ 놀이 ★☆☆

★48 이쪽저쪽 데칼코마니

데칼코마니(decalcomania)는 물감을 바르고 종이를 반으로 접거나,
다른 종이를 겹쳤다가 떼어 내는 방식의 미술 기법이에요.
물감의 혼색과 눌림을 통해 우연한 효과를 얻을 수 있어서 상상력과 호기심을 자극하기 좋아요.
그림 그리기에 거부감이나 두려움이 있는 아이들에게도 쉽게 다가갈 수 있는 놀이랍니다.
반쪽 종이에 스케치하고 완성된 그림을 상상하는 방법으로 활동하면, 흥미를 유발하는 데에도 도움을 줄 수 있어요.

- **재료** 종이(A4 크기), 물감(3색 이상)
- **옵션** 종이(다양한 색과 크기), 안전가위

> **tip**
> ☐ 완성된 형태를 예상하고 반쪽 그림을 그려 보세요.
> ☐ 물감을 너무 많이 짜면 종이 밖으로 새어 나올 수 있어요.
> ☐ 손의 힘을 조절하면서 종이를 누를 수 있도록 도와주세요.
> ☐ 종이를 여러 가지 모양으로 잘라 데칼코마니를 찍으면, 더 재미있게 놀이할 수 있어요.

01

02

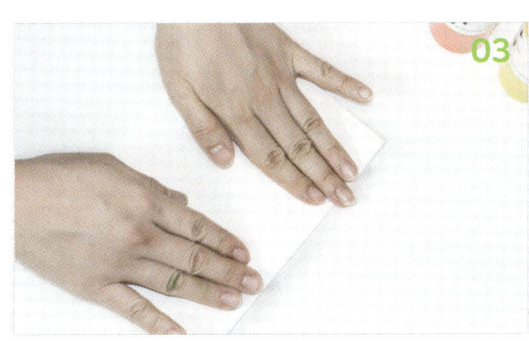
03

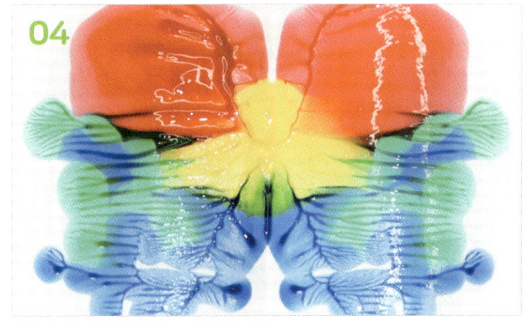
04

01 준비한 종이들 반으로 접어요.
02 종이를 다시 펴서 한쪽에 물감을 자유롭게 짜 주세요. 미리 스케치를 해도 좋아요.
03 물감이 묻지 않은 쪽의 종이로 덮고, 종이 위를 손으로 살짝 눌러요.
04 접은 종이를 펼치면 멋진 그림이 완성돼요.

미대엄마의 미술육아

종이를 펼쳤을 때 물감이 퍼진 그림을 보고 신난 아이. 계속 같은 놀이를 하느라 종이를 얼마나 썼는지 몰라요. 준비한 종이도 모자라 집에 있는 이면지는 모두 사용한 것 같네요.
단순한 활동이지만 희열을 느끼는 듯한 아이 얼굴을 한참 지켜보았답니다.
'이렇게 작은 행복에도 순수한 미소를 지을 수 있는 그 마음을 잃지 않고 자라나길.'
오늘도 저는 아이와 놀이하며 마음속으로 작은 기도를 해 봅니다.

· 재료 ★★☆ 놀이 ★★☆

49 휙휙 신나는 물감 흘리기

수채화 물감은 물의 농도를 조절하여 그림을 그리는 재료입니다.
물감으로 색칠한 후에 스프레이나 붓을 이용해 물을 뿌리면, 물감이 흘러내리면서 자연스러운 물감의 흐름이 나타나요.
아이가 직접 스프레이를 사용하여 물을 뿌리면 손의 많은 근육을 사용하게 됩니다.
이를 통해 에너지를 발산하고 종이에 표현되는 물의 흐름을 관찰할 수 있는 놀이랍니다.
야외에서 뿌리기 활동을 하면 넓은 공간 덕분에 더 자유로운 활동과 표현을 할 수 있어요.

- **재료** 수채화 물감(3색 이상), 넓적한 붓(약 7cm 크기), 종이(8절), 물통, 접시 또는 팔레트
- **옵션** 안전가위, 스프레이

tip
- 바닥에 종이를 깔고 놀이하면 좋아요.
- 욕실 벽에 종이를 붙이고 물을 뿌려 보세요.

01 재료를 탐색해 보아요.
02 물통에 물을 담고, 물감을 팔레트나 접시에 넉넉히 풀어 주세요.
03 붓으로 종이에 그림을 그리거나 붓을 털어서 물감을 뿌려요.
04 종이에 스프레이로 물을 뿌리면서 번지는 물감을 관찰해 보세요.
05 종이를 세워서 물감을 흘려 보며 놀이해요.

미대엄마의 미술육아

비 오는 날, 아이와 우비를 입고 종이와 물감을 챙겨 나가서 놀이했던 기억이 나요.
알록달록한 물감들이 빗물에 흘러내리는 것을 보고
아이가 얼마나 좋아하던지, 아직도 그날의 비 냄새가 추억으로 남아 있어요.
'장화를 신고 물웅덩이를 폴짝거리던 네가 귀여워서,
엄마는 잠시 비가 그치지 않길 바랐었단다.'

50 신비로운 선캐처 만들기

색이 있는 셀로판지를 이용해 빛을 관찰할 수 있는 선캐처를 만들어 보는 놀이입니다.
검은색 종이에 구멍을 내고 셀로판지로 구멍을 막으면, 빛이 예쁜 색을 보여 주는 멋진 선캐처 완성!
원하는 모양과 색 조합으로 만들어서 잘 보이는 곳에 붙여 두면, 빛이 들어오는 양에 따라 달라지는 색을
관찰할 수 있어요. 시각, 촉각, 청각을 자극하는 셀로판지를 가지고 색깔에 대해서 알아보는 시간을 가져 보세요.
셀로판지가 겹치면서 보이는 색이 달라지는 모습을 관찰하고 이야기해도 좋아요.

• **재료** 셀로판지(3색 이상), 시트지(8절 이상), 검은색 종이(8절), 연필, 안전가위 또는 칼

□ 색 그림자를 만들면서 색깔놀이를 즐겨 보세요.
□ 검은색 도화지가 없다면 박스로 대체할 수 있어요.
□ 칼을 사용하여 종이를 자르는 과정은 위험하니, 보호자의 지도가 필요합니다.
□ 시트지를 앞뒤로 붙이면 들고 다닐 수 있답니다. 야외로 들고 나가서 햇빛을 관찰해 보아요.

01 셀로판지를 작게 잘라서 준비해요.
02 검은색 종이에 연필로 그림을 그리고 칼로 파내요.
03 검은색 종이의 구멍을 시트지를 붙여 막아 주세요.
04 시트지의 접착 면 부분에 셀로판지를 올리고 붙여요.
05 창가에 붙이면 햇빛이 들어오면서 나타나는 색을 관찰할 수 있어요.

네모 모양으로 자른 셀로판지를 입에 붙이고 "엄마! 아아아~" 소리를 내며, 까르르 웃고 좋아하던 아이의 동영상을 가끔 찾아 봐요. 셀로판지를 보면 이 놀이가 생각난답니다. 완성된 작품보다 재료를 탐색하며 즐거웠던 시간이 떠오르는 놀이예요.

'네가 웃는 소리가 가득한 영상을 할머니, 할아버지가 얼마나 돌려 보시는지 몰라.
우리 모두를 행복하게 해 줘서 언제나 고마워.'

냠냠 보석젤리 만들기

반짝반짝 예쁜 보석 같은 젤리를 만들기 위해서는 계량이 필요해요.
보석젤리 만들기 놀이를 하며, 아이와 함께 종이컵으로 계량해 보는 연습을 할 수 있답니다.
보석젤리가 완전히 굳으려면 이틀이라는 시간이 필요하기 때문에 아이가 기다리며
관찰하는 경험도 할 수 있어요. 예쁜 컬러를 보며 젤리를 만드는 즐거움도 느끼고,
완성될 때까지 참고 기다리는 인내심도 배울 수 있는 놀이랍니다.

- **재료** 물(1컵, 180ml), 설탕(1.5컵, 250g), 한천가루(1큰술, 5g), 식용유 조금, 유산지, 오일을 바를 수 있는 실리콘 오일 브러시, 긴 주걱, 접시

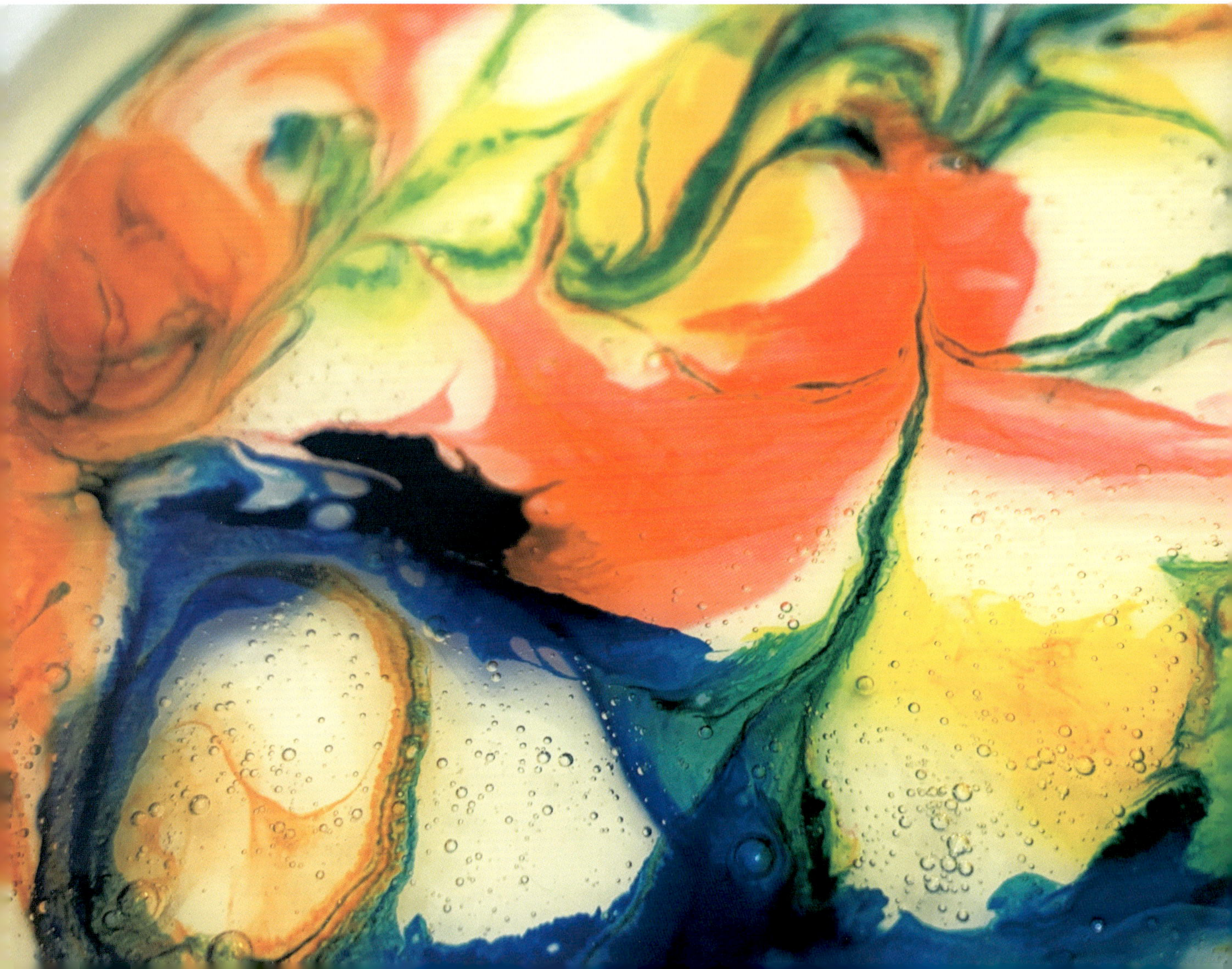

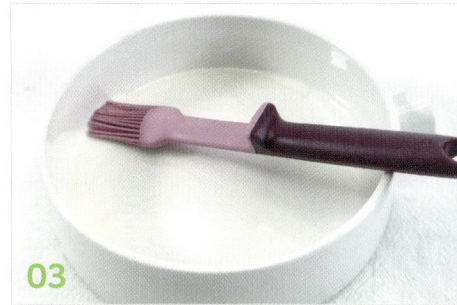

tip
- 이쑤시개로 색소를 퍼트리며 예쁜 모양으로 색을 섞어 보세요.
- 유기농 설탕을 사용하면 아이와 먹기가 더 좋아요.
- 흑설탕을 사용하면 식용색소의 색이 잘 보이지 않아요.
- 보석젤리를 만들고 병에 담아 친구들에게 선물해 보세요.

01 물(1컵)과 한천가루(1큰술)를 넣고 5분간 불려 주세요.

02 설탕(1.5컵)을 냄비에 넣고, 중약불에서 타지 않도록 긴 주걱으로 계속 저어 주면서 5분 정도 끓여요.

03 실리콘 오일 브러시로 식용유를 접시에 코팅하듯 얇게 발라요.

04 02가 물엿처럼 늘어나면 1cm 정도 두께가 되도록 접시에 부어 주세요.

05 04 위에 식용색소를 군데군데 떨어트려요.

06 이쑤시개로 색을 섞고, 냉장실에서 3~4시간 정도 굳혀 주세요.

07 접시에서 떼어 낸 후 손으로 찢어서 유산지 위에서 잘 말려요.

08 가끔 뒤집어 주며 2일 정도 말리고, 꾸덕하게 모두 굳으면 아이와 함께 먹을 수 있어요.

미대엄마의 미술육아

보석젤리가 굳었는지 매일 확인하러 가는
아이의 귀여운 기다림을 보면서 얼마나 웃었는지 몰라요.
'그래, 여행 전날이 가장 설레듯이 결과보다 과정이 더 두근거린단다. 어떤 일을 이룰 때 네가 과정을 즐기는 사람으로 자랐으면 좋겠어. 이 놀이에는 그런 엄마의 마음이 가득 담겨 있단다.'

52 차곡차곡 색모래 유리병

유리병에 층층이 색모래를 쌓으며 알록달록하게 완성하는 나만의 작품!
색모래의 촉감을 충분히 느껴 보고 종이에 색깔 순서를 디자인해요.
색깔 순서를 정했다면 유리병 안에 차곡차곡 색모래를 쌓아 보세요.
유리병 안에 담긴 색모래를 보며 부피감을 느끼고, 모래가 쌓이는 것에 대한 인지를 도울 수 있어요.
모래처럼 알갱이가 작은 재료를 가지고 놀면 소근육 자극에도 효과적이랍니다.

• 재료 색모래(3색 이상), 입구가 넓은 유리병(높이 15cm 이상), 종이(A4 용지 1장), 크레용(색모래 색깔과 동일하게)

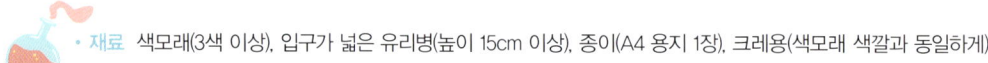

 □ 완성한 유리병을 돌려 가며 관찰해 보세요.
□ 남은 색모래는 다른 미술놀이에 활용할 수 있으니 꼭 모아 두세요.
□ 떨어진 모래를 청소하기 쉽도록 매트나 비닐을 깔고 놀면 좋아요.
□ 완성한 유리병이 가장 잘 어울리는 자리를 찾아 인테리어 소품으로 활용해요.
□ 입구가 넓은 유리병을 사용해야 색모래를 넣기 편해요. 안 쓰는 유리병을 모아 두면 좋아요.

01 색모래이 다양한 색깔과 촉감을 느껴 보아요.

02 유리병에 넣을 색모래의 순서를 크레용으로 A4 용지에 미리 그려 보세요.

03 크레용으로 그린 색의 순서대로 유리병에 색모래를 층층이 쌓아요.

미대엄마의
미술육아

모래놀이는 청소가 힘들어서 머뭇거리게 되는 놀이 중 하나예요.
아이가 모래를 워낙 좋아해서 가끔 꺼내 주긴 하지만
모래는 바닷가에서 실컷 만지고 집에서는 찾지 않았으면… 하는 마음도 있답니다.
'집 안에서 모래를 던지고 노는 너를 보면서 하지 말라고 말리고, 너는 그런 엄마가 재미있어서
더 장난치는 것 같아. 엄마를 놀리는 모습도 귀여운 너를 어쩌면 좋니.'

 재료 ★★★ 놀이 ★★★

53 내가 만든 홈메이드 입욕제

향기로운 냄새와 예쁜 색을 가진 입욕제를 집에서 만들어 보는 놀이입니다.
아이가 직접 만든 입욕제와 함께하는 목욕 시간! 더 즐거운 시간으로 기억되겠죠?
입욕제를 만들면서 후각을 자극하면 뇌세포와 신경세포의 발달로 연결될 수 있어요.
후각뿐 아니라 촉각과 시각도 자극하며 즐거운 시간을 보낼 수 있답니다.
다양한 색과 모양의 입욕제를 재미있게 만들어 보세요.

 • **재료** 베이킹소다(2컵), 전분(1컵), 구연산(1컵), 아로마오일(5ml), 천연가루(비트 분말, 자색고구마 분말, 치자 분말)

> **tip**
> □ 천연가루가 없다면 식용색소로 대체할 수 있어요.
> □ 몰드에 넣고 누르면 모양이 있는 입욕제가 완성되어요.
> □ 몰드에서 1시간 정도 지나 단단해지면 꺼내 주세요.
> □ 반죽이 잘 뭉쳐지지 않으면 스프레이를 사용해 소량의 물을 넣어 주세요.

01 베이킹소다(2컵)와 전분(1컵), 구언산(1깁)을 준비해요.

02 01의 모든 재료와 아로마오일(5ml)을 넣고 섞어 주세요.

03 02와 천연가루를 섞어서 색을 만들어요.

04 동그랗게 모양을 만들어서 욕조에 넣고 입욕제로 사용해 보세요.

미대엄마의 미술육아

아이가 가끔 목욕을 거부할 때가 있어요. 그럴 때는 아이와 함께 만들었던 입욕제를 물에 조금 풀고, 손부터 담그게 하면서 목욕을 유도해요.
엄마의 노력이 가상해서인지 간신히 욕조로 들어가는 아이를 보면 묘하게 웃음이 나온답니다.
가끔 힘들 때도 있지만, 아이와 고도의 심리전을 하며 지내는 하루하루가 참 소중해요.

'엄마랑 조물조물 만든 입욕제가 물에 들어가서 녹는 게 아까웠는지
손으로 잡아내려 애쓰던 네가 떠올라. 이렇게 평범한 일상이 행복이겠지?'

재료 ★★★ 놀이 ★★★

★54 쭉쭉 컬러 슬라임

슬라임의 질감은 점토와 비슷하지만, 수분량이 높아 촉촉하고 탄력이 높으며 부드러워요.
손 근육을 많이 움직여서 놀이하기 때문에 창의력 향상과 소근육 발달에 많은 도움이 되죠.
길게 늘어트리거나 뭉치고 펼치면서, 자연스러운 형태의 이미지를 관찰할 수 있어요.
슬라임을 만들 때 작은 파츠나 반짝이 가루를 넣고 반죽하면 다른 질감의 슬라임이 완성돼요.
단순히 반죽하는 것에서 그치지 말고 다양한 놀이로 변형하는 것을 추천해요.

- **재료** 뜨거운 물(5큰술), 물풀(PVA 함유, 5큰술), 렌즈 보존액(붕사 성분 함유, 2큰술), 식용색소(3색 이상), 베이킹소다(2꼬집)
- **옵션** 파츠, 반짝이 가루, 믹싱볼(여러 개), 긴 주걱, 투명 컵 또는 종이컵

01

02

03

04

05

06

> tip
> ☐ 밀폐용기에 담아 보관하면 1~2주 정도 놀이가 가능해요.
> ☐ 식용색소 원액이 손에 묻으면 1~2일 후에 자연스럽게 지워져요.
> ☐ 반죽하는 과정이 길수록 손에 묻어나지 않고 놀기 편한 상태가 되지요.
> ☐ 반짝이 가루나 파츠를 뿌려 주면서 만들면 더 예쁜 슬라임이 완성됩니다.

01 물풀(5큰술), 보존액(2큰술), 뜨거운 물(5큰술)을 준비해요.
02 믹싱볼에 01의 재료를 모두 섞어요.
03 사진과 같이 뭉쳐지도록 잘 섞어 주세요.
04 뭉쳐진 덩어리에 식용색소를 1~2방울 넣어요.
05 식용색소가 섞이도록 잘 뭉쳐 주세요.
06 덩어리를 섞어 가며 손으로 만지면서 놀이해요.

미대엄마의 미술육아

아이들 사이에서 슬라임 만들기의 인기는 식을 줄 모르죠? 예전에는 뭐든 손으로 조물조물 만들며 놀았는데, 손으로 만지는 놀거리가 줄어들면서 촉감에 대한 욕구를 충족시키려고 하는 본능이 슬라임 열풍을 만든 것 같다는 생각이 들어요. 아이와 함께 슬라임을 만들면서 손도 많이 잡아 보고, 따뜻한 온기를 나눠 보는 건 어떨까요?

'정성을 다해 손으로 만들 수 있는 것을 많이 알려 주고 싶어. 직접 요리해서 만드는 식사, 한 땀 한 땀 만드는 옷, 온 마음을 다해 그리는 그림…. 소중한 것들에는 모두 정성이 들어간단다.'

재료 ★★☆ 놀이 ★★☆

55 팡팡 터지는 색종이 폭죽

콘페티 풍선과 종이컵으로 재사용이 가능한 폭죽을 만들어 볼까요?
색종이가 흩뿌려지는 순간, 꽃비가 내리는 것처럼 예뻐요.
떨어진 색종이 조각을 주우면서 손의 작은 근육을 사용하고, 큰 근육을 사용하는 신체 움직임도 일어나요.
풍선 안에 색종이 조각이 들어 있는 콘페티 풍선 대신 일반 풍선으로 놀이할 경우,
색종이를 잘게 잘라 종이컵 안에 넣어도 좋아요.

- **재료** 콘페티 풍선(1개), 종이컵 또는 일회용 커피 컵(1개), 마스킹 테이프, 안전가위
- **옵션** 작게 자른 색종이

01 풍선에 색종이 조각을 넣고 입구를 묶어 주세요(색종이 넣기가 불편하면 04 과정 때 넣어도 좋아요).
02 풍선의 위쪽을 사진과 같이 잘라요.
03 가위로 종이컵 바닥을 뚫어 주세요.
04 종이컵 바닥에 풍선을 늘려 끼우고 마스킹 테이프로 고정해요.
05 색종이 조각을 넣고 풍선 끝을 잡아당기면 폭죽처럼 색종이 조각이 흩어져요.

 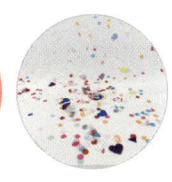

엄마는 청소하기 힘들지만, 아이에게는 정말 즐거운 놀이예요.
흩어지는 색종이 조각을 보는 아이의 천진난만한 얼굴 덕분에 힘을 낼 수 있지요.
아이와 색종이 조각을 주우면서 함께 정리하는 것은, 놀이 후 숨을 고르는 이완 작업이에요.
'힘든 육아지만 조금 더 힘을 내서 즐겁게 해 보아요!'

★ 56
털실로 만드는 몬스터 가면

상자를 자르고 털실과 꾸미기 재료를 사용해 가면을 만드는 놀이예요.
긴 털실을 탐색하고 박스에 감으면서 색을 채워 보세요.
미술활동으로 가면 만들기 놀이를 하고, 확장하여 연극놀이까지 할 수 있답니다.
연극놀이를 하는 과정에서 아이들이 자신의 내면세계를 겉으로 표현할 수 있고,
긴장감을 낮추어 스트레스를 줄일 수 있어요.

 • **재료** 털실 또는 두꺼운 끈 종류(3색 이상), 종이박스, 꾸미기 재료(눈알, 폼폼 등), 안전가위

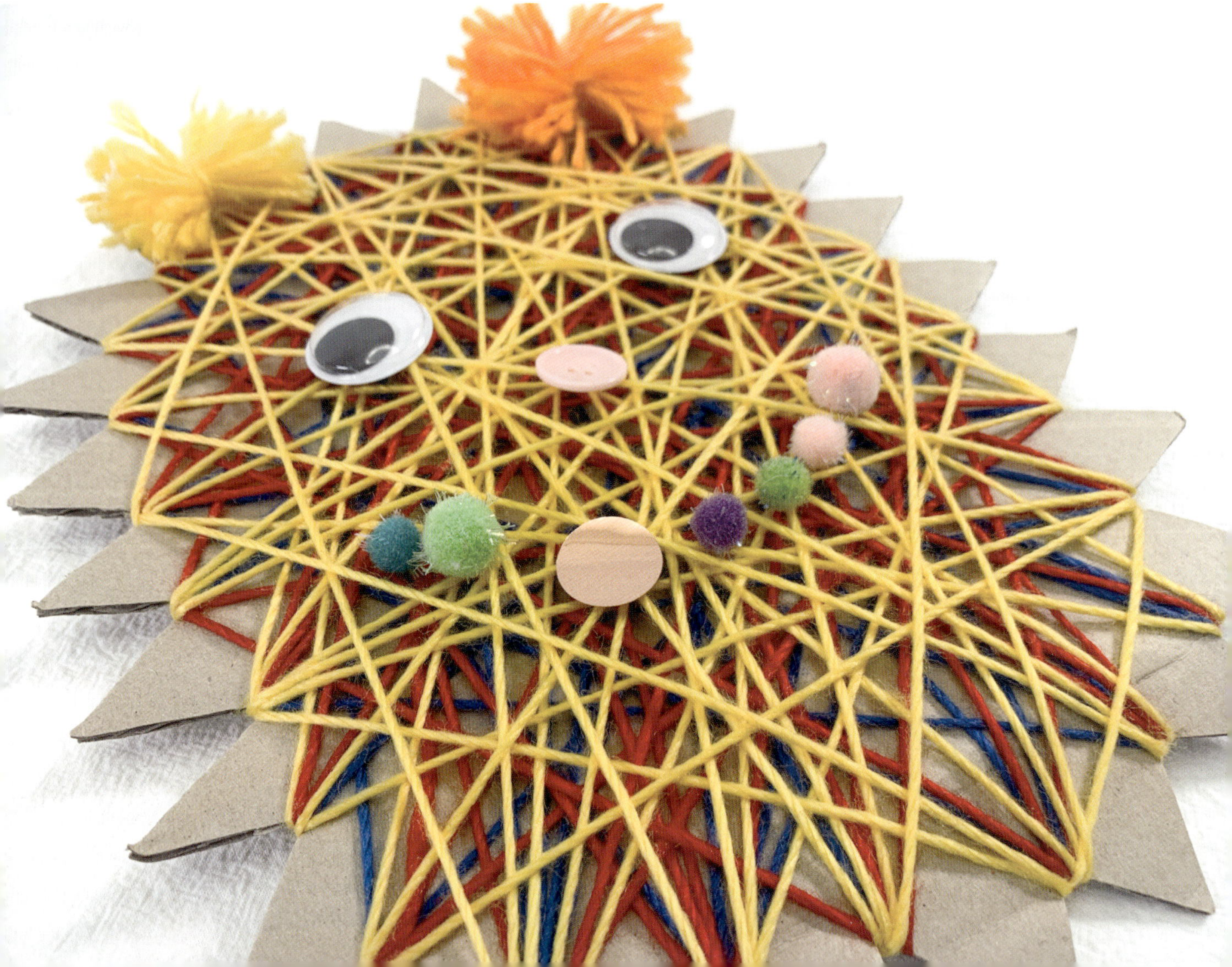

> **tip**
> ☐ 완성한 가면으로 연극놀이를 할 수 있어요.
> ☐ 다양한 꾸미기 재료를 사용해 특징이 다른 얼굴들을 만들어 보세요.
> ☐ 박스를 잘라 가면을 여러 개 만든 후, 가족들과 함께 연극놀이를 해도 좋아요.

01

02

03

04

01 종이박스를 둥근 모양으로 잘라 주세요.
02 가장자리를 가위로 뾰족뾰족하게 잘라요.
03 다양한 색의 털실로 여러 번 감아 주세요.
04 얼굴과 뿔을 만들고 멋지게 꾸며 보세요.

아이들은 가면놀이를 하면 얼마나 좋아하는지 몰라요.
아이가 좋아하는 캐릭터 가면을 만들어 놀아 주면 신나서 숨바꼭질을 하곤 해요.
'네가 엄마의 말보다, 뽀로로나 인형의 말을 더 잘 듣는 것 같아 서운할 때가 있어.
엄마보다 그 친구들이 더 좋은 건 아니지?'

재료 ★☆☆ 놀이 ★☆☆

57 콩콩 과일 도장 찍기

과일이나 채소마다 다른 단면을 관찰하고 도장도 찍어 관찰하며 놀아 볼까요?
도장 찍기는 매우 간단한 놀이라서 사물을 손으로 잡을 수 있다면 어린아이들도 할 수 있답니다.
싫어하는 채소나 과일을 가지고 놀면서 즐거움과 친근함을 느낄 수 있어요.
어울리는 색의 물감을 묻혀 종이에 찍어 보며, 아이만의 과일 그림을 그려 보아요.
도장을 찍은 후에 그리기 도구를 사용해 그림을 완성해도 좋아요.

- **재료** 흰 종이(8절), 귤, 수채화 물감 또는 아크릴 물감, 접시
- **옵션** 다양한 과일 또는 채소, 그리기 도구

 ☐ 버리는 채소의 꼭지를 이용하여 놀이해 보세요.
☐ 양파, 청경채, 연근 등 단면이 특이한 것들을 종이에 찍어 보고, 이름을 맞춰 보며 놀이해 보세요.

01 준비한 과일을 반으로 잘라 탐색해요.
02 접시에 2~3가지 색의 물감을 덜어요.
03 과일의 단면에 물감을 묻혀요.
04 과일도장을 종이에 마음껏 찍어 보세요.

미대엄마의 미술육아

과일이나 채소의 남은 꼭지 부분으로 놀이를 하면 좋아요. 가끔 아이와 함께 특별한 재료를 찾아보곤 해요. 애호박 꼭지 끝에 조금 남은 조각, 청경채 끝부분, 싹이 난 감자 등등, 주방에는 아이의 눈으로 찾을 수 있는 재미있는 재료들이 많답니다!
'세상에 쓸모없는 건 없단다. 버리는 채소 꼭지처럼 쓸모없어 보이더라도, 잘 생각해 보면 어딘가에서 빛이 날 수 있어. 따뜻한 시선으로 세상을 바라보는 네가 되길.'

134 / 135

재료 ★★★ 놀이 ★☆☆

58
쾅쾅 꽃잎 그림 그리기

자연에서 볼 수 있는 천연의 색을 관찰하는 놀이 시간! 비슷한 색의 꽃잎들도 오묘하게 다른 색을 낸답니다.
망치로 두들기기 전에 꽃잎의 모양, 색, 형태를 충분히 관찰하고 아이와 이야기 나누어 보세요.
종이에 꽃잎의 색이 배어들면 물감과는 다르게 시간이 지나면서 색이 변할 수도 있어요.
아이는 시간의 흐름에 따라 달라지는 색을 느낄 수 있답니다.
변화하는 자연의 색과 형태를 인지하며 즐길 수 있는 놀이예요.

 • 재료 흰 종이(8절), OHP 필름(1장), 다양한 색의 꽃잎들, 장난감 망치

> **tip**
> ☐ 야외활동을 하며 꽃을 줍는 것부터가 미술놀이의 시작이랍니다.
> ☐ 장난감 망치로 꽃잎을 두들기는 것이 힘든 어린아이는 보호자의 도움이 필요해요.
> ☐ 꽃잎을 망치로 두들긴 후에 무거운 책으로 눌러 두면 종이에 색이 더 잘 배어들어요.
> ☐ 진한 색의 꽃잎으로 놀이하면 선명한 색을 관찰할 수 있어요.

01 꽃잎을 충분히 탐색하고 흰 종이 위에 올려요.
02 꽃잎 위에 투명한 OHP 필름을 덮어 주세요.
03 장난감 망치를 이용해 꽃잎을 두들겨 보아요.
04 OHP 필름 위에서 뭉개진 꽃잎을 관찰해요.
05 OHP 필름을 걷어 내고 종이에 든 꽃물을 관찰해 보아요.

미대엄마의 미술육아

꽃과 식물을 좋아하는 친정엄마 덕분에, 아이는 어릴 때부터 농장 체험이나 숲 체험을 다녔어요.
상추, 고추, 방울토마토를 만지고 따면서 자연 속에서 많은 추억을 쌓고 있답니다.
그래서인지 예쁜 꽃을 항상 조심히 쓰다듬어 주는 것을 좋아하는데,
망치로 꽃잎을 두들기는 놀이가 무서웠는지 결국 엄마 놀이가 되어 버렸지요.
'그래도 괜찮아. 지금 같은 예쁜 마음을 간직하며 자라길!'

재료 ★★☆ 놀이 ★★★

★ 59
구불구불 무지개 버블

재활용품을 활용해서 크고 긴 버블을 만들어 볼 수 있는 즐거운 놀이 시간! 긴 호흡을 통해 커다란 비눗방울을 만들 수 있답니다. 야외에서 신체를 크게 움직이며 놀 수 있어서 아이들이 굉장히 즐거워해요.
바람이 부는 방향에 따라 버블이 움직이기 때문에 에너지가 많은 아이들에게 추천하고 싶어요.
입으로 세게 바람을 불면서 입 주변 근육을 자극하기 때문에, 버블놀이는 언어 발달에도 효과가 있답니다.
실내에서는 흰 종이에 비눗방울을 떨어트리며 놀이해 보세요. 종이에 찍힌 거품 자국이 재미있게 나타나요.

- **재료** 페트병(500ml), 고무줄(1개), 양말(1개), 식용색소(4색 이상), 세제(1/2컵), 물(1/3컵), 접시
- **옵션** 흰 종이(8절)

01 페트병을 반으로 잘라요.

02 페트병 입구 반대 부분에 사진과 같이 양말을 씌우고 고무줄로 고정해 주세요.

03 양말에 식용색소로 무지개를 그려요.

04 접시에 세제와 물을 섞고 양말을 살짝 담가 적셔요.

05 입으로 페트병 입구를 천천히 불어요.

06 여러 가지 모양으로 버블을 만들어 보세요.

07 흰 종이에 버블을 떨어트려 보고 형태를 관찰해요.

tip
- 거품을 들이마시지 않도록 주의해 주세요.
- 식용색소 원액을 손으로 만지면 지워지기까지 시간이 조금 걸려요.
- 부는 것이 익숙하지 않은 아이들은 '후후' 하고 내뱉는 연습을 하고 나서 놀이해요.
- 식용색소가 옷에 묻으면 잘 지워지지 않아요. 버리는 옷을 입고 놀이하는 것을 추천해요.

미대엄마의 미술육아

아이가 정말 즐겁게 했던 놀이 중 하나가 아닐까 싶어요. 아이가 돌을 지났을 무렵에 무지개 버블을 보여 주고 싶어서, 남편과 제가 버블을 불고 아이에겐 구경만 시켜 주었어요. 버블을 잡겠다고 손으로 만져서 식용색소 물이 드는 바람에, 한동안 검은 손을 하고 다녔답니다. 아이와 놀이하면서 생긴 소소한 에피소드들은 지금도 저를 미소 짓게 해 주네요.

'손이 검어져도 겁 없이 뭐든 잘 만지고 즐기는 널 보면, 엄마가 얼마나 든든한지 몰라.'

재료 ★★☆ 놀이 ★★☆

★60 보글보글 컬러 숨바꼭질

산성과 염기성이 만나면서 일어나는 중화 반응을 이용한 놀이예요.
스포이트를 사용해 식초를 쭉쭉 짜면서 아이들은 즐거움을 느낄 수 있어요.
보글보글 올라오는 거품과 함께 퍼져 나가는 색을 관찰하면서 놀이해 보세요.
거품이 모두 가라앉고 나서 남겨진 색소의 흔적도 찾아보아요.
마치 멋진 추상화처럼 멋진 자국들을 찾을 수 있답니다.

 • 재료 베이킹소다(2컵), 식초(1컵), 식용색소(5색), 스포이트 또는 주사기, 놀이트레이 또는 접시

> ☐ 식용색소가 없다면 물감으로 대체해도 좋아요.
> ☐ 스포이트 사용이 힘든 아이들은 바늘 없는 주사기로 놀이하게 해 주세요.
> ☐ 아이가 손으로 만지거나 눈에 들어가지 않도록 각별히 조심해 주세요.
> ☐ 식초와 베이킹소다가 만나면서 생기는 거품에서 이산화탄소가 나와요. 창문을 열어 환기하며 놀이하세요.

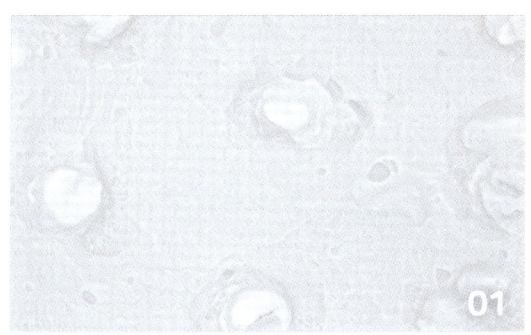

01

02

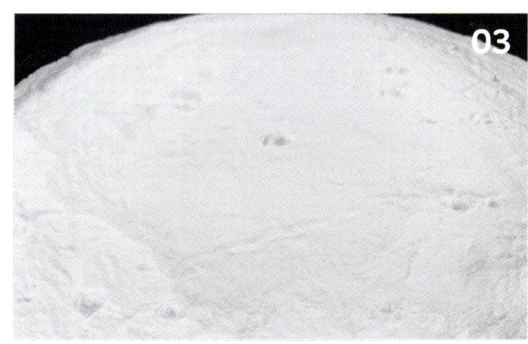

03

04

01 놀이트레이에 베이킹소다를 평평하게 담고, 손가락으로 작은 구멍을 만들어요.
02 구멍 안에 식용색소를 2~3방울씩 떨어트려 주세요.
03 색소를 베이킹소다로 덮어서 색소가 보이지 않도록 해요.
04 스포이트로 식초를 담아 베이킹소다 위에 뿌리면서 색깔이 나오는 모습을 관찰해요.

스포이트나 주사기로 물 뿌리는 활동을 좋아하는 아이를 위해서 종종 하는 놀이예요.
옆에서 구경하는 엄마도 화려하게 퍼지는 거품을 보고 있으면 기분이 좋아져요.
마치 폭죽이 터지는 장면을 눈앞에서 보는 것 같다고나 할까요?
'너와 멋진 순간을 함께하는 기쁨을 느끼게 해 줘서 고마워.
앞으로도 수많은 멋진 날들을 꼭 함께 나누자.'

미대엄마가 알려 드려요!

엄마표 미술놀이
주의 사항

1 아이 주도 놀이를 하세요.

엄마의 머릿속에 놀이의 결과물을 정해 두고 놀이하지 마세요. 놀이는 온전히 아이가 주도하고 즐기는 활동이 되어야 해요. 꼭 정해진 과정대로 놀이를 진행하지 않아도 아이가 즐길 수만 있다면 괜찮습니다. 결과물의 완성도보다는 과정에 중심을 맞추어 놀이를 진행하세요. 만약 아이가 주도권을 갖지 못한다면 미술 자체에 흥미를 잃거나, 의존적인 성향을 가지게 될 수도 있어요. 미술놀이를 할 때에는 결과물에 대한 예상을 버리고 아이의 자유로운 표현을 지켜보는 것이 가장 중요해요.

2 가르치려 하지 마세요.

미술놀이를 통해 미술을 즐길 수 있지만, 미술을 전문적으로 교육하는 것은 조금 달라요. 때문에 그림을 그리지 못하는 분도 미술에 대해서 잘 모르는 분도, 누구나 '엄마표 미술놀이'를 할 수 있죠. 미술을 가르치려 하지 마시고 아이와 함께 놀이를 즐기면 됩니다. 물론 미술놀이를 통해서도 미술의 기법을 알아 가거나, 흥미를 가지고 즐길 수 있답니다.

3 안전한 미술놀이를 해요.

놀이에서 가장 우선시되어야 하는 건 안전입니다. 아무리 재미있고 효과적인 놀이도 안전이 우선시되지 않으면 안 돼요. 보호자가 사용 전에 인증받은 미술 재료인지 확인한 후 아이에게 제공해 주세요. 놀이 중에 아이가 재료를 코로 흡입하거나, 귀에 넣지 않도록 보호자가 지켜보는 것도 중요해요. 뜨겁거나 날카로운 도구들도 항상 조심해 주세요.

4 아이의 호흡을 따라가며 놀이해요.

가위질 후 채색으로 마무리하는 놀이를 할 때, 아이가 자르는 과정에 더 몰입한다면 채색 과정을 조금 줄여도 문제가 없어요. 아이가 원하는 호흡으로 놀이를 진행하세요. 놀이하는 과정에서 완성도나 놀이의 효과를 얻기 위해, 아이를 재촉하거나 강요하지 않는 것이 무엇보다 중요해요. 미술놀이에는 정해진 과정이 없어요. 아이가 신나게 즐긴다면 그 자체로 충분합니다.

5 엄마도 즐거워야 해요.

미술놀이 준비 과정이 힘들거나, 엄마의 컨디션이 좋지 않을 때에는 놀이를 하지 않는 것이 좋아요. 아이가 그 마음을 고스란히 느끼기 때문이죠. 보호자가 호기심을 가지고 놀이를 준비하고, 신나는 마음으로 놀이를 함께해 주어야 아이도 즐거워요. 미술에 대한 호기심을 아이와 함께 채워 보세요. 아이를 위한 놀이지만, 아이와 다양한 미술 기법을 체험하면서 엄마도 신나게 즐길 수 있어요.

4장
신기한 놀이로 호기심 기르기

 재료 ★☆☆ 놀이 ★☆☆

061
움직이는 우유 마블링

우유의 표면장력을 관찰하며 과학적 상상력을 자극할 수 있는 미술놀이입니다.
흰 우유에 여러 가지 색이 섞이는 모습을 보며 시각적인 즐거움을 느낄 수 있고,
우유와 세제가 섞이면서 다양한 형태로 움직이는 색색의 마블링도 관찰할 수 있어요.
연령이 높은 아이들에게는 우유와 세제의 표면장력 작용에 대해 이야기해 주면 더 좋답니다.

- 재료 흰 우유(2컵), 식용색소 또는 물감(3색 이상), 주방세제(조금), 오목한 접시, 화장 솜 또는 면봉
- 옵션 흰 종이(A4 용지의 1/2 크기), 반짝이 가루

 tip
- 물감이 퍼져 나가는 과정을 사진으로 찍고, 사진과 어떻게 달라졌는지 관찰해 보세요.
- 유통기한이 지나 버려야 하는 우유를 가지고 놀면서, 재활용할 수 있는 것들에 관해 이야기해 보세요.
- 반짝이 가루를 뿌리면 마치 오로라를 보는 듯해요. 마블링을 관찰한 후, 우주를 주제로 하는 다른 놀이로 확장할 수 있답니다.
- 우유가 세제를 만나면 표면장력이 약해지면서 물감이 퍼져 나가는 원리를 설명해 주세요. 이러한 세제의 작용으로 옷의 때를 빼거나 그릇을 세척한다는 걸 알려 줄 수 있어요.

01 접시에 우유를 부어 주세요.
02 식용색소 또는 물감을 우유 위에 떨어트려요.
03 화장 솜에 세제를 묻혀 우유에 넣어요(세제를 묻힌 면봉으로 찍어도 좋아요).
04 반짝이 가루 또는 스팽글 같은 꾸미기 재료가 있다면 우유에 넣어 주세요(생략할 수 있어요).
05 퍼져 나가는 것을 관찰해요.
06 번져 나가는 물감을 종이에 찍어서 멋진 작품을 만들어 보세요.

 미대엄마의 미술육아

오로라처럼 퍼져 나가는 색소를 보면서 아이는 무슨 생각을 했을까요?
신기한 놀이에 집중하며 쳐다보는 아이를 보고 있으면, 아이의 생각이 궁금해져요.
'엄마는 퍼져 나가는 색소를 보면서 오로라가 떠올랐어.
내 우주를 담고 있는 널 만난 건, 오로라를 본 것 같은 행운이란다.'

062

빙글빙글 스핀아트

채소탈수기로 간단하고 재미있게 즐기는 스핀아트 놀이!
물감을 뿌린 종이를 채소탈수기에 넣고 빙빙 돌리면 완성이에요.
물감의 양과 색깔에 따라 다르게 완성되는 작품을 아이들과 예측하고 비교해 보며 재미있게 놀 수 있어요.
우연한 효과로 나오는 물감의 형태들을 보며 상상력도 기를 수 있답니다.
여러 장 만들어서 큰 종이에 붙이거나, 갈런드로 만들어 벽에 걸어도 좋아요.

 • 재료 물감(3색 이상), 채소탈수기, 종이(채소탈수기 형태에 맞게 잘라서 준비), 안전가위

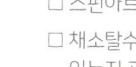

- 다양한 크기와 모양의 종이를 잘라 보며 놀아요.
- 스핀아트를 할 수 있는 다른 도구도 생각해 보세요.
- 채소탈수기를 빠르게, 느리게, 반대로 돌려 보면서 어떤 차이가 있는지 관찰할 수 있어요.

01 채소탈수기 안에 들어갈 크기로 종이를 잘라 준비해요.
02 채소탈수기에 종이를 넣어 주세요.
03 물감을 여러 가지 모양으로 재미있게 뿌려요.
04 탈수기 뚜껑을 덮고 여러 번 돌려요.
05 종이를 꺼내 물감을 말려 주세요.
06 다양한 모양의 종이와 색을 조합해 보아요.

처음에는 아이가 채소탈수기 돌리기를 힘들어했어요. 그래서 제가 먼저 시범을 보여 준 뒤 함께 손을 잡고 몇 번 돌렸지요. 아이 혼자 해 보려고 끙끙대다가 통도 엎고 실패를 거듭하더니, 어느새 빙빙 돌리고 있었답니다. 손에 물감을 묻히지 않고도 예쁘고 신기한 그림이 나오자 "우아!" 하고 연신 감탄했어요. '무엇이든 그렇게 자꾸 연습하다 보면 할 수 있단다. 네가 이 놀이를 통해 중요한 사실을 알게 되어서 기뻐.'

63 소금 뿌려서 그림 그리기

수분을 흡수하는 소금의 삼투압 원리를 이용하여 그림을 그려 볼까요?
종이에 수채화 물감을 칠하고 소금을 뿌리면, 소금이 물감을 흡수하여 종이에 얼룩덜룩한 자국이 남게 된답니다.
놀이를 진행하면서 소금이 가지고 있는 짠맛, 거친 질감, 색깔 등의 특징에 관해 이야기 나누어도 좋아요.
소금 자국이 종이에 불규칙하게 나타나면서 의도하지 않은 무늬를 관찰할 수도 있어요.
어떤 자국이 나올지 상상하며 즐겁게 소금을 뿌려 볼까요?

- **재료** 소금(1컵), 수채화 물감(3색 이상), 수채화 종이(8절), 넓적한 붓(약 7cm 크기), 물통, 접시 또는 팔레트
- **옵션** 소금(다양한 입자 크기)

01

02

03

04

tip
- 꼭 물감이 모두 마른 후에 소금을 털어 주세요.
- 소금 자국은 어두운색의 물감 위에서 더 잘 보여요.
- 밤하늘의 별을 보고 이야기한 뒤 놀이를 해도 좋아요.
- 꽃소금, 굵은소금을 나누어서 뿌려 보고 비교해 보아요.

01 소금의 특징을 이야기하며 탐색해 보세요.
02 물감과 물을 붓에 충분히 묻히고 흰 종이에 칠해요.
03 젖어 있는 종이에 소금을 뿌려 주세요.
04 종이와 소금이 모두 마르면 소금을 털어 내고 소금 자국을 관찰해 보아요.

미대엄마의 미술육아

아이가 붓을 들고 종이 위에 색칠하는 모습을 보고 있으면 기분이 참 묘해져요. 미술을 전공해서 그런지 아이들의 순수한 붓질을 보면 감동이 밀려오거든요. 파블로 피카소의 명언, '라파엘처럼 그리기 위해 4년이 걸렸지만, 어린아이처럼 그리기 위해서는 평생을 바쳤다.'라는 말이 항상 떠오른답니다. 순수한 아이들의 붓질을 잠시라도 조용히 감상해 보세요.
'네 붓질로 그려진 순수하고 멋진 선을 볼 때면 얼마나 신기한지 몰라.
거침없는 붓질 속에 무얼 표현한 거니?'

재료 ★☆☆ 놀이 ★☆☆

064
슝슝 드라이어 그림

물감이 마르기 전에 드라이어의 바람을 이용하여 물감을 자연스럽게 퍼트리는 기법의 놀이입니다. 붓으로 그리는 것과는 다른 느낌의 선을 표현할 수 있어요. 드라이어 바람 강도에 따라 빠른 선과 느린 선의 느낌도 볼 수 있답니다. 빨대를 가지고 물감을 후후 불어 퍼트려 보고 비교해 보며, 재미있는 느낌의 선을 찾아보세요. 자기 생각을 말할 수 있는 아이들이라면, 거미줄처럼 얽혀 있는 이미지를 보고 무엇이 떠오르는지 함께 이야기해 보면 좋아요. 새로운 이미지를 자유롭게 만들어 보면서 확장놀이도 할 수 있어요.

- **재료** 물감(3색 이상), 종이(8절), 붓(다양한 크기), 드라이어, 물통, 접시 또는 팔레트
- **옵션** 빨대

> tip
> - 꼭 물감이 마르기 전에 드라이어로 물감이 흐르게 해요.
> - 종이 밑에 종이를 1장 더 깔면, 물감이 튀는 것을 막을 수 있어요.
> - 동그라미, 세모, 네모 등 도형을 그린 후에 드라이어로 물감이 흐르게 해 보세요.
> - 여러 가지 모양의 눈알 스티커를 붙여서 표정을 만들어도 재미있어요.

01 물감을 준비하고 어떤 색깔을 사용할지 고민해 보세요.
02 접시나 팔레트에 물감과 물을 섞어 붓에 듬뿍 묻힌 후, 종이에 동그라미를 그려요.
03 드라이 바람으로 물감이 흐르게 해요.
04 완전히 마른 후에 다양한 색깔을 관찰해 보세요.

엄마가 머리 말릴 때 사용하는 드라이어가 신기했는지, 궁금해하는 아이를 위해 미술놀이에 사용해 보았어요. 여름에는 선풍기 앞에 그림을 가지고 가서 물감이 바람에 흐르는 모습을 관찰했더니 더 즐거워했답니다. 아이가 에너지 넘치는 날에는 빨대를 사용해서 물감을 불며 신나게 놀기도 했어요. 같은 기법의 놀이라도 아이의 컨디션과 상황에 따라 응용해 보는 창의력을 발휘해 보세요.

'빨대로 후후 부는 것조차 즐거워하는 너.
성인이 되어도 인생이 소소하게 재미있는 것들로 가득했으면 좋겠어.'

065
차가운 얼음 물감

물감을 풀어 희석한 물을 얼리면, 시원한 얼음 물감으로 변신!
얼음의 촉감을 느끼면서 활동하는 미술놀이인 만큼 핑거페인트를 사용하면 좋아요.
식용색소를 사용해서 안전하게 만들어 놀 수도 있답니다.
미끄럽고 차가운 촉감의 얼음 물감을 이용하여 종이에 마음껏 그림을 그리게 해 주세요.
형태를 완성하기보다는 색채 자체를 느끼면서 놀이하도록 도와주는 것이 좋아요.

- **재료** 종이컵(5개), 아이스크림 막대(5개), 흰 종이(8절), 핑거페인트 또는 식용색소
- **옵션** 얼음 몰드, 놀이매트

> **tip**
> ☐ 목욕할 때 얼음 물감으로 놀이해도 재미있어요.
> ☐ 얼음이 녹으면서 물이 생기니 옆에 수건을 두고 놀이하면 좋아요.
> ☐ 모양이 있는 얼음 몰드를 활용하면, 다양한 모양의 얼음 물감을 만들 수 있어요.

01 종이컵에 물과 물감을 섞어요.
02 아이스크림 막대를 꽂고 놀이 전날, 냉동실에서 얼려요.
03 냉동실에서 꺼내 종이컵을 제거해 주세요.
04 얼음 물감으로 종이에 그림을 그리며 즐겁게 놀아요.

미대엄마의 미술육아

아이가 어떤 재료보다 얼음을 참 좋아해요. 미끌미끌한 얼음을 손으로 쥐거나 먹는 것도 좋아한답니다. 아이마다 어릴 때부터 유독 좋아하는 재료들이 있는 것 같아요.
얼음은 아이가 놀이에 집중하는 시간도 길어서 자주 사용하는 재료예요.
재료 준비도 간단한 얼음놀이는 엄마와 아이 모두에게 즐거울 거예요.

'여름에 1일 1얼음 놀이를 즐기는 너를 보면, 손이 안 시려울까? 하는 생각이 들어.
좀 시려우면 어때? 즐거우면 된 거지!'

재료 ★★☆ 놀이 ★☆☆

66 양초로 쓴 비밀 편지

배틱(battik)이라는 미술 기법을 응용한 놀이예요.
양초나 크레용에 있는 기름 성분은 물과 섞이지 않는 성질을 가지고 있답니다.
이 때문에 양초나 크레용으로 그림을 그린 부분에는 수성 물감이 묻지 않아요.
흰 종이에 양초로 그림을 그리면 눈에 잘 보이지 않지만, 그 위에 수성 물감을 칠하면
그림이 나타난답니다. 이 원리를 이용하여 재미있는 그림을 그려 보아요.

• 재료 양초(1개), 수채화 물감(5색 이상), 넓적한 붓(약 7cm 크기), 흰 종이(8절), 접시 또는 팔레트, 물통

tip
☐ 아이와 함께 양초로 비밀 편지를 써서 교환해 보세요.
☐ 양초로 그린 그림을 맞추는 게임을 해도 재미있어요.
☐ 양초가 없다면 흰색 크레용을 사용하여 그림을 그릴 수 있어요.

01

02

03

04

01 양초의 질감을 탐색해 보세요.
02 흰 종이에 양초로 비밀 그림을 그려요.
03 붓에 물감과 물을 묻혀서 양초 그림 위에 넓게 색을 덮어 보세요.
04 나타나는 비밀 그림을 찾아보아요.

미대엄마의 미술육아

제가 어릴 적에 많이 했던 놀이예요. 그림을 그릴 때마다 어찌나 신기하던지요.
양초나 흰색 크레용이 지나간 자리를 물감들이 피해 갈 때, 한참을 이렇게 생각했어요.
'왜 이렇지? 정말 마술 같다….' 흰색 크레용만 유난히 짧아졌던 추억이 떠오르네요.
아이는 자신만의 비밀을 가지고 자라나겠죠.
'엄마와 그 비밀을 조금은 공유할 수 있는 사이가 되길.'
양초로 비밀 그림을 그려 보며 바랍니다.

067 신기한 종이 습자지

습자지는 물을 뿌리면 염색된 색깔이 빠져나오는 신기한 종이예요.
화선지처럼 얇아서 작게 구겨 종이에 붙이기도 쉽답니다.
원하는 모양으로 잘라서 물 묻은 종이에 붙였다 떼어 내면 도장처럼 색이 찍혀 나와요.
재미있는 습자지의 성질을 이용해서 다양한 미술활동을 해 보세요.
습자지에 스프레이로 물을 뿌리면, 색깔 물이 뚝뚝 흘러나오는 모습도 관찰할 수 있답니다.

- 재료 습자지(2장 이상), 흰 종이(8절), 스프레이, 안전가위, 물
- 옵션 그리기 도구, 꾸미기 재료

- 습자지를 손으로 찢어서 자연스러운 형태를 만들어 보세요.
- 습자지를 손으로 구겨서 물 묻은 종이에 도장처럼 찍어 보아도 재미있어요.
- 습자지의 색이 빠지면서 흰색 옷이나 가구에 물이 들 수 있으니 주의하세요.

01 다양한 색상의 습자지를 준비하고 재료를 딤색해 보세요.
02 습자지를 작게 잘라요.
03 준비한 종이에 스프레이로 물을 뿌려요.
04 물이 묻은 종이에 잘라 놓은 습자지를 올려요.
05 물이 마르면 습자지를 떼어 내고 색이 찍힌 모습을 관찰해요.

미대엄마의 미술육아

아이가 습자지를 보자마자 입에 가져가서 당황스러웠던 기억이 떠오르네요. 맛있어 보였을까요?
입은 빨간색, 파란색으로 물들고, 아이 입에 붙은 습자지를 떼어 내느라 정신없었어요.
가끔은 놀이하며 생긴 에피소드가 저를 피식 웃음 짓게 해요.
'습자지를 잘라 도장처럼 들고는 바닥이며 얼굴이며, 모두 찍어 대던 장난꾸러기.
너와의 미술놀이 시간은 항상 예측 불허라서 더 즐겁단다.'

재료 ★☆☆ 놀이 ★★☆

068 비밀 그림 찾아 주는 오일

오일 성분이 닿으면 종이가 반투명해지는 원리를 이용하는 미술놀이입니다.
종이 아래에 프린트된 사진이나 그림을 놓고 흰색 A4 용지로 덮으면 그림이 보이지 않겠죠?
이때 오일을 종이 위에 바르면 사진이나 그림이 서서히 나타나요. 이렇게 간단하고 쉽게 활동할 수 있는 미술놀이는 아이의 자기유능감과 효능감을 끌어 올릴 수 있는 좋은 기회가 되어 준답니다.
어린아이들도 어렵지 않게 완성할 수 있으니 한 번쯤 해 보시길 추천해요.

 • **재료** 그림이 그려진 도안(1장), 종이(A4 용지 1장), 넓적한 붓(약 5cm), 식용유(조금)

tip
- ☐ A4 용지에 가족사진을 인쇄하며 놀아도 좋아요.
- ☐ 집에 있는 식물성 오일을 이용하면 됩니다.
- ☐ 글자가 적힌 종이를 아래에 깔고 한글을 찾아보며 놀아 보세요.

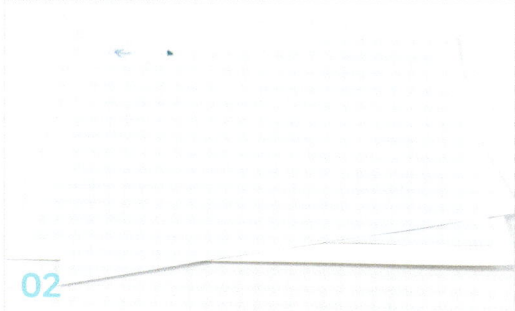

01 그림이 그려진 도안을 준비해 주세요.
02 도안 위에 A4 용지를 올려요.
03 붓에 식용유를 묻혀 A4 용지에 바르면서 나타나는 그림을 관찰해 보아요.

미끌미끌한 오일을 웃으며 탁자며, 모두 묻히던 아이와 씨름하며 놀이를 마쳤어요.
오일의 미끌함이 기분 나빴는지 당황하던 아이 얼굴이 떠오르네요.
'너와 놀이하며 웃고 울던 기억이 엄마를 두고두고 웃게 해.
엄마표 놀이가 아니라 엄마표 추억인 것 같아. 고마워. 엄마랑 놀아 줘서!'

069 뜨거운 크레용 놀이

크레용은 열에 녹는 성질을 가지고 있어요. 잘게 자른 크레용 위에
잘 타지 않는 유산지를 덮어 다리미로 열을 가하면, 크레용이 녹으면서 종이에 접착된답니다.
크레용으로 직접 그림을 그리는 것보다 높은 채도로 표현되어서
아이들이 선명한 색채를 관찰하고 놀이할 수 있어요.
크레용이 녹으며 자유롭게 표현된 이미지를 보고, 떠오르는 형태에 관해서 이야기를 나누어 보세요.

- **재료** 크레용(5색 이상), 종이(8절), 유산지(1장), 칼, 다리미
- **옵션** 안전가위, 풀, 그리기 도구

tip
- 다리미 온도를 처음부터 높게 하지 마시고, 온도를 서서히 올려 주세요.
- 크레용을 잘게 자르는 일은 보호자가 도와주세요.
- 크레용이 완전히 굳은 상태에서 아이가 만질 수 있도록 해 주세요.
- 종이를 잘라서 형태를 만들어 보면 더 재미있게 놀이할 수 있어요.
- 다양한 모양으로 자른 종이를 도화지에 붙이고 새로운 그림을 완성해 보아도 좋아요.

01

02

03

04

01 칼로 크레용을 잘게 잘라 종이 위에 올려요.
02 크레용 위에 유산지를 덮어 주세요.
03 예열한 다리미로 유산지 위를 누르면서 크레용을 녹여요.
04 유산지를 제거하고 크레용이 녹은 도화지를 다양한 모양으로 잘라 보세요.

미대엄마의 미술육아

크레용을 가는 놀이가 즐거웠는지, 그림을 그리다가도 크레용을 모두 갈아 버리려고 해서 말려야 했어요. 엄마랑 했던 놀이가 즐거운 기억으로 남아서 자꾸 떠올리는 아이의 모습. 그것 하나로도 미술놀이를 하길 참 잘했다는 생각이 들어요.

'아직은 칼이 위험해서 만지지 못하지만, 조금 더 크면 엄마와 함께 조심히 연습해 보자. 위험한 도구를 안전하게 다루는 법을 배우는 것도 살아가는 데 꼭 필요하단다.'

재료 ★★☆ 놀이 ★★★

70 컬러 소금

물을 흡수하는 소금의 성질을 이용하여 물감의 색을 입혀 보는 놀이입니다.
목공용풀을 짜서 그림을 그리고 그 위에 소금을 뿌리면 소금이 접착되어 형태가 나타나요.
소금의 형태 위에 물감을 떨어트리면 소금에 색이 스며드는 모습을 관찰할 수 있답니다.
스포이트로 물감을 떨어트리려면 높은 집중력과 눈손 협응력이 필요해요.
소금과 물감을 사용하여 간단한 미술활동을 하면서, 두뇌와 신체 발달을 촉진해 주세요.

 • **재료** 검은색 종이(8절), 소금, 식용색소 또는 물감, 목공용풀, 스포이트 또는 물약병, 물(조금)

> **tip** ☐ 목공용풀을 많이 짜면 소금을 많이 뿌려야 해요. 목공용풀의 양을 적당히 짜 주세요.

01 종이 위에 목공용풀을 짜며 그림을 그려요.
02 목공용풀 위에 소금을 덮어 주세요.
03 소금을 살살 털어 내요.
04 물에 식용색소 또는 물감을 섞어서 준비해요.
05 스포이트로 물감을 소금에 뿌려요.
06 여러 가지 색깔의 물감을 뿌리며 그림을 완성해 보세요.

미대엄마의 미술육아

아이와 소금놀이를 하면서 소금을 조금 집어 먹어 보기도 하고,
소금의 거칠거칠한 질감을 손끝으로 느껴 보기도 했어요.
고사리 같은 손으로 소금을 만져 보는 모습을 보며 얼마나 흐뭇하던지요.
'네가 자라서 세상에 소금같이 꼭 필요한 사람이 되기를.'

재료 ★☆☆ 놀이 ★★☆

071
보글보글 거품 물감

색깔이 있는 예쁜 거품을 만들어 종이에 거품 모양을 찍어 볼까요?
빨대를 입으로 부는 과정에서 아이의 입 주변 근육을 사용하는 효과도 얻을 수 있는 놀이랍니다.
입 주변 근육에 힘을 주고 부는 활동은 언어 발달에도 도움을 주어서,
아이들과 불기 놀이를 자주 해 주시면 좋아요.
거품이 터지고 나면 종이에 남는 흔적을 관찰하고, 어떤 느낌이 드는지 이야기를 나눠 보아요.

- **재료** 세제(1/2컵), 흰 종이(8절), 컵, 빨대, 물감
- **옵션** 버리는 천, 그리기 재료, 꾸미기 재료

tip
- 연상되는 것을 그림으로 그려 보아도 재미있어요.
- 큰 천이나 버리는 옷에 거품을 불어서 그림을 그려도 좋아요.
- 들이마시는 것이 불안하면 빨대에 아주 작은 구멍을 내 주세요.
- 거품 그림을 그리기 전에, 아이와 '후후' 하고 부는 연습을 해 보세요.
- 거품이 떨어지면 바닥이 미끄러울 수 있으니, 보호자가 꼭 옆에서 지켜봐 주세요.

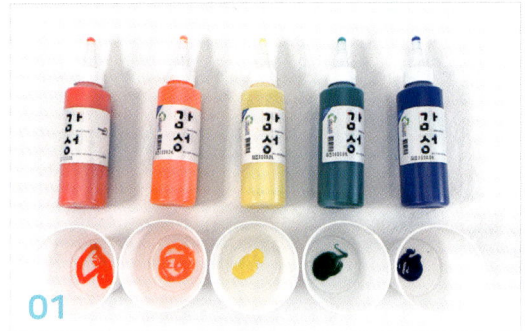
01

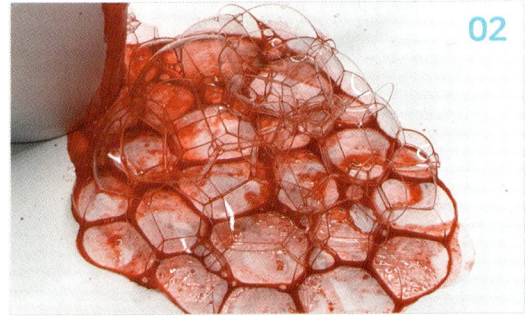
02

03

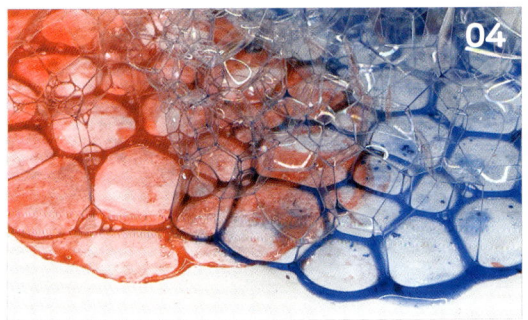
04

05

01 컵에 세제와 물감을 섞어 주세요.
02 컵을 종이 위에 두고 빨대로 거품을 불어요.
03 거품이 컵에서 흘러넘칠 때까지 불어야 해요.
04 종이에 거품이 터지면서 만들어지는 흔적을 관찰해요.
05 다양한 색의 거품을 만들어 보세요.

미대엄마의 미술육아

버리는 흰 천을 야외에 가지고 나가, 천 위에 거품을 불며 아이와 함께 관찰했어요.
아이가 비눗방울을 워낙 좋아해서인지, 거품놀이도 유난히 좋아했답니다.
두꺼운 빨대와 얇은 빨대를 번갈아 불어 보면서 달라지는 거품의 양을 관찰하고,
버리는 천까지 재활용하여 뿌듯했던 놀이였어요.
'엄마와의 많은 놀이를 통해, 네가 반짝이는 생각을 가진 창의적인 사람이 되었으면 해.
끝도 없이 커지는 반짝반짝한 거품처럼 말이야.'

재료 ★★★ 놀이 ★★★

072
코튼볼 놀이

동그랗고 작은 부드러운 솜에 밀가루 반죽을 묻혀서 구워 보세요.
예쁜 색이 입혀진 딱딱한 코튼볼은 아이의 재미있는 장난감이 된답니다.
색깔별로 구분하거나, 장난감 망치로 부수며 놀이할 수 있어요.
부드러운 촉감의 솜이 단단하게 바뀌는 현상에 대해 이야기해 보아도 좋아요.
놀이하고 남은 밀가루 반죽을 손이나 붓에 묻혀 종이에 그림 그리며 핑거페인트로 활용할 수도 있답니다.

- **재료** 물(1컵), 물감(3색 이상), 코튼볼(30개), 밀가루(1컵), 쿠키틀 또는 접시, 에어프라이어 또는 오븐, 유산지 또는 에어프라이어용 종이접시
- **옵션** 종이, 붓(다양한 크기), 장난감 망치

tip

☐ 장난감 망치로 부수며 놀 수 있어요.
☐ 목공용풀로 종이에 붙이며 놀이해도 좋아요.
☐ 갓 구운 코튼볼은 뜨거울 수 있으니 식힌 후 놀이하세요.
☐ 에어프라이어 사용은 위험할 수 있으니, 보호자의 도움이 필요해요.

01 코튼볼을 만지며 감촉을 느껴 보아요.
02 밀가루(1컵)와 물(1컵)을 섞어요.
03 밀가루 반죽을 쿠키틀이나 접시에 덜어 두세요.
04 쿠키틀마다 다른 색의 물감을 넣고 섞어요.
05 코튼볼에 반죽을 묻혀요.
06 유산지에 코튼볼을 올리고, 에어프라이어 또는 오븐에서 150℃로 1시간 30분 정도 구워 주세요.

미대엄마의 미술육아

아이와 주방에서 하는 미술놀이 시간은 언제나 정신이 없어요. 온갖 도구를 사용하는 요리사가 된 것처럼 부엌에 펼쳐 두고, 만져도 보고, 입에도 가져가며 놀아요.
밀가루 반죽을 묻힌 코튼볼을 기차처럼 늘어놓은 아이의 작품. 한참 바라보았던 기억이 나요.
'네가 생각하는 것을 이루기 위해 노력할 때 엄마가 늘 옆에서 지켜볼게. 언제나 든든하게.'

073 내가 만드는 초간단 사탕

사탕을 녹여서 알록달록한 꾸미기 재료만 올리면 나만의 사탕 완성!
동그란 사탕이 납작해지는 과정을 관찰하고, 예쁘게 사탕을 꾸며 보며 놀아요.
직접 만든 사탕을 먹을 수 있는 재미도 있어서 아이들이 무척 즐거워한답니다.
사탕 하나하나에 이름을 붙여 가며 아이와 대화를 나누어 보세요.
즐거운 '요리 미술놀이' 시간이 될 거예요.

- **재료** 알사탕(3개 이상), 베이킹 꾸미기 재료(스프링클, 작은 과자들), 사탕 막대,
유산지(에어프라이어용 종이접시), 에어프라이어 또는 오븐

 □ 사탕이 녹으면 뜨거울 수 있으니 주의하세요.
□ 사탕이 굳기 전에 꾸미기 재료를 빨리 올려야 해요. 굳고 나면 꾸미기 재료가 붙지 않아요.

01

02

03

04

01 사탕을 유산지 위에 올려 주세요.
02 유산지에 올린 사탕을 에어프라이어에서 150℃로 3분 정도 돌린 후 꺼내요.
03 녹은 사탕에 막대를 올리고 베이킹 재료로 꾸며 주세요.
04 다양한 꾸미기 재료를 사용하여 사탕을 예쁘게 꾸미며 재미있게 놀아요.

사탕을 먹으면서 사탕 만들기를 하는 달콤한 놀이였어요.
평소에는 하나만 먹어야 했던 사탕을 깔아 두고 놀이하니, 어찌나 신나 하던지.
고사리손으로 만든 사탕을 나누어 먹으면서 놀이를 마무리했답니다.
'좋아하는 모든 것을 하고 싶지만, 때론 절제하고 참아야 할 때도 있단다.
눈앞에 있는 사탕을 모두 먹어 버리지 못하는 것처럼 말이야.'

재료 ★★☆ 놀이 ★☆☆

074
스키틀즈 무지개

알록달록 예쁜 과자가 따뜻한 물을 만나면 어떻게 될까요?
색소가 녹으면서 나오는 다양한 색을 관찰할 수 있답니다.
물에 녹으며 자연스럽게 섞이는 색을 관찰하면서 감각 자극도 할 수 있는 놀이예요.
색소가 확산하는 과정을 아이와 함께 지켜 보고 이야기도 나눠 보세요.
과자를 접시에 여러 도형의 모양으로 담아 보면서 기본 도형을 익힐 수도 있답니다.

 • **재료** 스키틀즈 또는 M&M's 초콜릿(30알 이상), 따뜻한 물(1/2컵), 흰색 접시

tip
- 스마트폰으로 촬영하면서 과정을 남겨 보는 것도 추천해요.
- 스키틀즈를 접시 가장자리에 꽉 차게 둘러 주면 더 예쁘게 보인답니다.
- 찬물보다 미지근한 온도의 물을 접시 가운데에 부으면, 색소가 더 빨리 확장되는 모습을 볼 수 있어요. 찬물과 속도를 비교해 가며 놀이해도 좋아요.

01

02

03

04

01 스키틀즈를 만져 보고 먹어도 보며 관찰해요.
02 스키틀즈를 접시에 동그랗게 배치해요.
03 접시 가운데에 따뜻한 물을 부어 주세요.
04 색소가 퍼져 나가는 모습을 관찰해 보아요.

미대엄마의 미술육아

아이가 과자를 너무 좋아해서 걱정하던 어느 날의 일화가 떠올라요.
"까까 맛있어? 엄마는 까까가 맛이 없던데." 하고 제가 말하자,
"응! 엄마는 안 좋아하는구나. 난 좋아해!" 하고 당차게 말하던 아이의 대답.
엄마 눈치 안 보고 자기 의사를 확실히 말하던 아이의 대답을 잊을 수 없어요.
'잘 크고 있구나. 너의 생각을 용기 있게 말할 수 있는 사람으로 자라렴.'

재료 ★★★ 놀이 ★★★

075
쓱싹쓱싹 분필 만들기

석고가루를 몰드에 굳히고 색소를 입힌 뒤 분필로 만들어 보세요.
아이와 만든 분필은 야외에서 바닥에 그림을 그릴 때 사용하거나,
사포처럼 거친 면에 그림을 그릴 때 활용하면 재미있는 효과를 얻을 수 있어요.
아로마오일을 한두 방울 떨어트리면 석고 방향제로도 사용할 수 있답니다.
미술놀이 재료를 아이와 함께 만들면서, 미술에 대한 흥미도 유발할 수 있는 좋은 기회가 될 거예요.

- **재료** 석고가루(1컵), 물(1컵), 식용색소, 실리콘 몰드, 오목한 접시
- **옵션** 아로마오일

> tip
> ☐ 석고가루가 호흡기에 들어가지 않도록 주의하세요.
> ☐ 실리콘 몰드가 없다면 종이컵에 넣고 석고를 굳혀도 좋아요.

01 석고가루(1컵)와 물(1컵)을 잘 섞어요.
02 실리콘 몰드에 넣고 실온에서 굳혀 주세요.
03 딱딱하게 굳으면 석고 조각을 꺼내요.
04 물에 식용색소를 풀어 만든 색소 물에 석고 조각을 5분 정도 넣어 두세요.
05 실온에서 말린 후 다양한 모양의 분필로 사용해요.

미대엄마의 미술육아

제가 어릴 때, 선생님이 칠판에 글씨를 쓸 때 사용하던 분필이 어찌나 신기했던지요.
집에 분필 몇 조각이 생기면 들고 나가서 바닥에 그림 그리며 놀던 기억이 떠올라요.
분필을 신기해하던 아이가 자라서 딸과 함께 분필을 만들며 미술놀이를 하다니.
'네가 어른이 되었을 때, 이 놀이들이 지금 엄마처럼 문득 떠오를까?'

재료 ★★★ 놀이 ★★★

076
발포 물감 만들기

물에 넣으면 보글보글 소리를 내며 예쁘게 녹아내리는 발포 물감을 만들어 볼까요?
재료들을 모두 섞고 종이컵에 하루 정도 두면, 딱딱하게 굳으며 신기한 발포 물감이 완성되어요.
놀이하기 전날 미리 만들어 두고 어떤 물감이 완성될지 기다려 보아요.
물이 닿는 부분부터 녹으면서 파스텔색이 물에 녹아 나오기 시작한답니다.
변하는 색을 관찰하며 아이와 떠오르는 것들을 이야기하고 관찰도 해 보세요.

• 재료 베이킹소다(1컵), 구연산(1컵), 파스텔(5색), 종이컵(5개), 종이(A4 용지 1장), 접시, 안전가위, 일회용 장갑, 물

- 목욕 시간에 대야에 물을 넣고 발포 물감을 녹이며 놀이해 보세요.
- 실리콘 몰드에 넣고 굳히면 작은 크기의 발포 물감을 만들 수 있어요.
- 발포 물감이 녹으면서 들려 오는 보글보글 소리에 귀 기울여 보세요.

01

02

03

04

05

06

07

01 좋아하는 색의 파스텔을 종이에 문지르며 칠해요.
02 종이에 구연산(1컵)과 베이킹소다(1컵)를 올린 후, 일회용 장갑을 착용하고 파스텔 가루와 함께 잘 섞어 주세요.
03 여러 가지 색깔을 만들고 종이컵에 층층이 쌓아 주세요.
04 하루 동안 실온에 두면 딱딱하게 굳어요.
05 종이컵을 가위로 제거해요.
06 접시에 물을 담고 발포 물감을 담가 주세요.
07 보글보글 발포 물감이 녹는 모습을 관찰해요.

미대엄마의 미술육아

처음 본 파스텔이 예뻤는지, 파스텔을 어디에나 문질러 버리는 아이 때문에 옷과 가구가 모두 파스텔 가루 범벅이 되었답니다.

'새로운 재료를 보고 두려움 없이 탐색하는 널 보니 씩씩하게 잘 크고 있구나 싶어.
문지를수록 예쁘게 퍼지는 파스텔처럼, 주변에 멋진 색을 물들일 수 있는 사람이 되길 바란다.'

 재료 ★☆☆ 놀이 ★☆☆

O 77
키친타월 염색놀이

종이가 아닌 키친타월에서 수성사인펜이 물에 번지는 현상을 관찰해 보세요.
물감으로 키친타월을 채색한 것 같은 효과를 볼 수 있답니다.
물을 흡수하며 키친타월 전체가 물드는 모습을 관찰하고, 어떤 느낌이 드는지 이야기도 나눠요.
무지개가 나오는 그림이나 동화책을 읽고 활동해 보는 것도 확장놀이로 추천해요.
키친타월이 모두 적셔질 동안 눈을 떼지 않고 지켜보면서 집중력을 높일 수 있답니다.

 • 재료 물(2/3컵), 수성사인펜(7색), 키친타월(2장 이상), 컵(2개)

tip
- □ 꼭 무지개 색으로 그릴 필요는 없어요. 여러 가지 색이 물을 흡수하면서 번지는 과정을 관찰해 보세요.
- □ 키친타월과 컵의 개수를 늘려서 놀이해도 좋아요.

01

02

03

01 수성사인펜으로 키친타월에 사진과 같이 무지개를 그려요.
02 컵 2개에 물을 담고 키친타월 끝을 각각 담가 주세요.
03 수성사인펜이 천천히 번지며 생기는 무지개 형태를 관찰해요.

미대엄마의
미술육아

남편과 갔던 뉴질랜드에서 무지개를 세 번이나 보고 돌아와서 초이가 생겼어요.
그래서인지 무지개만 보면 기적처럼 제게 와 준 아이가 생각나네요.
'무지개처럼 엄마에게 넌 선물 같은 아이란다.
작은 놀이에도 엄마는 언제나 널 떠올리게 되는구나. 고마워, 내 선물.'

재료 ★★☆ 놀이 ★★★

078
고체 물감 만들기

수채화 물감처럼 사용할 수 있는 고체 물감을 직접 만들어 보는 시간!
아이들은 튜브로 된 물감 짜는 걸 즐거워해서, 한꺼번에 모두 써 버리는 경우가 있죠.
그런 아이들에게 고체 물감을 그리기 도구로 제공해 주면 오래 두고 쓸 수 있답니다.
전부 사용할 때까지 보관하기도 좋고, 또 작은 틀에 만들어 두면
야외에서 그림 그리기를 할 때 손쉽게 가지고 나갈 수 있다는 장점이 있어요.

• **재료** 베이킹소다(4컵), 전분가루(4컵), 물엿(2컵), 식초(3컵), 식용색소(5색 이상), 나무젓가락, 믹싱볼, 쿠키틀

01 베이킹소다(4컵), 전분가루(4컵), 물엿(2컵), 식초(3컵)를 준비해 주세요.
02 믹싱볼에 01의 재료를 넣고 모두 섞어요.
03 02를 쿠키틀에 덜어 주세요.
04 칸마다 다른 색의 식용색소를 4~5방울 떨어트려요.
05 나무젓가락으로 색소를 섞어요.
06 물감이 굳을 때까지 1~2일 정도 실온에서 굳혀 주세요.
07 물을 묻힌 붓으로 직접 만든 물감을 녹여서 즐겁게 그림을 그려 보아요.

tip
☐ 물감의 겉 부분이 단단하게 굳으면 사용해요.
☐ 색소의 양은 원하는 색감만큼 조절하면서 넣어요.
☐ 쿠키틀 대신 달걀판에 만들 수도 있어요.

미대엄마의 미술육아

저는 어릴 적부터 물감 자체를 좋아해서, 아이와 물감을 꼭 만들어 보고 싶었어요.
재료를 섞어서 아이만의 물감을 만드니 신기하기도 하고 뿌듯하기도 한 기분이 들었답니다.
'멋진 그림도 좋지만, 재료를 고르고 그림을 그리는 과정 자체를 즐겼으면 해.
네가 하는 모든 일을 그렇게 즐기길 바라며 엄마가 준비한 놀이란다.'

재료 ★★☆ 놀이 ★★☆

079
먹어도 안전한 소금 물감

집에 있는 재료로 안전한 엄마표 물감을 만들어 보세요.
손으로 만지거나 입에 묻어도 괜찮아서 어린아이들이 가지고 놀아도 안심이죠.
집에 소스통이 없다면 종이컵에 물감을 만든 후, 나무막대 등으로 떠서 사용해도 좋아요.
일반 물감과 달리 입체감이 생겨서 아이들의 호기심과 흥미를 이끌어 낼 수 있답니다.
2~3일 정도 그림을 말리면 입체감을 유지한 채 굳어요. 그림이 마른 모양도 관찰해 보세요.

• **재료** 물(1컵), 밀가루(1컵), 가는소금(1컵), 두꺼운 종이(8절), 식용색소, 믹싱볼, 국자 또는 섞을 수 있는 도구
• **옵션** 소스통

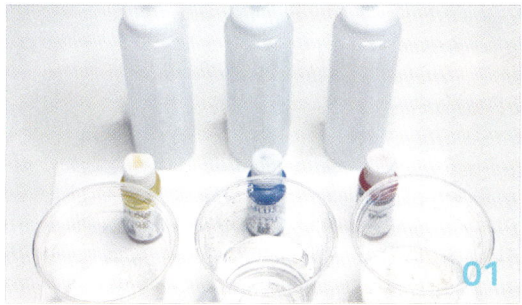

tip
☐ 두꺼운 종이가 없다면 박스 위에 스케치북 종이를 붙여서 사용해도 좋아요.
☐ 소스통 입구가 너무 좁을 때는 가위로 적당히 잘라 내면 물감이 더 쉽게 나와요.
☐ 손으로 만지거나 먹어도 안전한 물감이어서 어린아이들도 할 수 있는 놀이예요.

01 각 재료의 특성을 탐색해 보세요.
02 믹싱볼에 소금, 물, 밀가루를 넣고 저어요.
03 사진과 같은 묽기가 될 때까지 저어서 섞어 주세요.
04 소스통에 담아요.
05 식용색소를 넣고 잘 섞어 주세요.
06 종이 위에 자유롭게 물감을 뿌리며 그림을 그려요.
07 2~3일간 실온에 두면 딱딱하게 굳어요.

미대엄마의 미술육아

아이가 물감을 가지고 놀던 중, 원하는 대로 되지 않자 "엄마, 도와줘."라며 제 손을 끌어당겼어요. "뭘 도와줄까? 같이 해 보자." 저는 아이의 세 번째 손이 되어, 함께 미술놀이를 했답니다.
'엄마의 도움이 필요할 땐 언제든 편하게 이야기해 주렴.
네가 스스로 잘할 수 있을 때까지, 엄마는 기다리고 같이 배워 가며 널 도울게.'

80 폭신폭신 구름으로 컬러놀이

셰이빙폼과 식용색소를 사용하여 간단하게 미술놀이를 즐길 수 있어요.
물 위에 셰이빙폼을 짜 두면 마치 폭신한 구름처럼 보이지요.
셰이빙폼을 구름으로, 위에 떨어트리는 식용색소를 하늘에서 내리는 비로 비유하여
과학적 원리를 설명해 줄 수 있는 놀이랍니다.
색소가 셰이빙폼을 통과해서 물까지 내려오는 동안, 설레는 마음으로 아이와 대화를 나눠 보세요.

 • 재료 식용색소(5색 이상), 투명한 용기(높이 20cm 이상), 셰이빙폼(1개), 스포이트, 물

 □ 셰이빙폼 대신 식물성 기름(식용유)을 넣고 오일 위에 식용색소를 떨어트리면 다른 놀이를 할 수 있어요.
□ 셰이빙폼을 너무 많이 짜면 색소가 늦게 내려올 수 있어요. 적당한 양을 짜며 놀이해요.

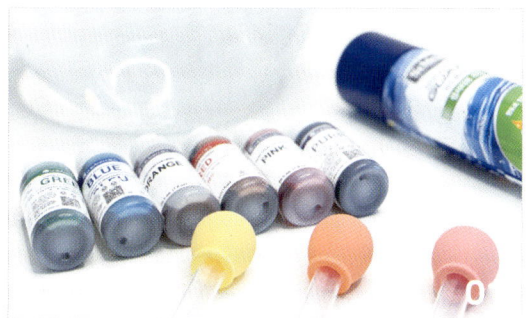

01 투명한 용기에 물을 거의 가득 채워요.
02 물 위에 셰이빙폼을 3~5cm 정도 짜 주세요.
03 셰이빙폼 위에 여러 가지 색의 식용색소를 2~3방울씩 여기저기 떨어트려요.
04 물속에서 퍼지는 색소를 관찰하며 대화를 나눠요.

미대엄마의 미술육아

물속에서 번져 나가는 색소들이 예뻤는지 '우와, 우와!' 감탄하는 아이를 보느라 시간 가는 줄 몰랐던 놀이랍니다.

'네가 신기해하고 즐거워하는 모습이 그저 신기하고 즐거워서, 엄마가 너보다 더 감탄하고 있는 거 아니?'

🌸 미대엄마가 알려 드려요!

특별한 미술놀이를 하는
5가지 방법

1 가족 모두가 함께 미술놀이를 해 보세요.

가끔은 가족 모두가 함께하는 미술놀이 시간을 만들어 보세요. 캔버스에 가족의 손도장을 찍어서 아이의 작은 손을 추억으로 남겨도 좋고, 큰 종이를 펼쳐 주고 가족 협동화를 그려 보아도 좋아요. 이 책에 소개된 어떤 미술놀이라도 좋습니다. 가족 구성원이 모두 모인 자리에서 놀이를 골라 함께 시간을 보내 보세요. 무엇과도 바꿀 수 없는 작품과 추억을 만들 수 있답니다.

2 아이만의 갤러리를 만들어 보세요.

벽 한 면을 비워 두고 아이의 작품을 전시해 보세요. 아이 그림을 액자에 넣어도 좋고, 간단히 마스킹 테이프로 벽에 고정해도 좋아요. 스케치북이나 테이블이 아닌 새로운 공간에 있는 그림은 신선한 느낌을 줄 수 있죠. 벽에 걸고 작품에 대해 간단히 이야기해 보면서 아이에게 성취감과 자신감을 줄 수 있답니다. 감상 후 아이와 제목을 지어 보는 것도 미술놀이 과정 중 하나입니다. 아이만의 갤러리는 소중한 보물 공간이 될 거예요.

3 먹을 수 있는 요리 미술놀이를 즐겨요.

떡 만들기, 수제비 만들기, 과일 요리, 쿠키 꾸미기 등은 미술놀이와 겹치는 부분들이 많아요. 떡이나 수제비를 만들면서 하는 반죽은 점토놀이와 비슷하고, 과일을 가지고 하는 놀이는 자연물 컬러놀이와 비슷하죠. 쿠키 꾸미기 또한 미술놀이와 비슷한 과정들이 많아요. 아이와 함께 간식을 만들고 먹는 과정까지 놀이의 일부로 즐겨 보세요. 특별한 요리 미술놀이 시간이 될 거예요.

4 명화 감상 시간을 가져요.

미술놀이 때 꼭 활동을 해야 하는 건 아니에요. 그림을 감상하는 것도 미술놀이 중 하나랍니다. 미술 재료를 준비하고 청소하는 과정이 힘든 날, 아이와 함께 보기 좋은 명화를 선택해 감상하는 시간을 가져 보세요. 어린아이들에게도 그림책 읽어 주듯 보여주면서 엄마가 이야기를 들려주어도 좋아요. 미술 감상을 어렵게 생각하지 마시고, 처음에는 그림책 보여 주듯이 조금씩 노출해 주세요. 유아의 명화 감상은 미술에 대한 흥미를 유발하는 등 다양한 효과를 얻을 수 있답니다.

5 시간을 정해 놓고 규칙적으로 미술놀이를 해 보세요.

일주일에 적어도 1~2회 정도, 요일을 정해 두고 놀이하면 좋아요. 집에 이미 있는 재료들 위주로 계획을 세우고, 하나씩 하다 보면 놀이들이 쌓여서 엄마도 자신감을 가질 수 있죠. 미술놀이를 자주 하다 보면 엄마 아빠에게도 창의력과 응용력이 생깁니다. 아이들은 같은 놀이를 반복해도 그날의 기분이나 느낌에 따라 다른 놀이로 느껴요. 놀이 아이디어나 재료가 항상 바뀌어야 한다고 생각하지 마시고, 이미 해 본 놀이를 반복하면서 다른 느낌의 놀이로 결과를 만들어 나가는 것도 좋아요.

5장
페인팅 놀이로 창의력 높이기

재료 ★★☆ 놀이 ★☆☆

081
먹과 한지로 그리는 동양화

우리나라 전통 미술 재료인 먹과 한지를 이용하여 멋스러운 미술놀이를 해 볼까요?
한지는 물을 조금만 섞어도 쉽게 번지는 효과를 얻을 수 있는 재료예요.
먹물 하나로 미술놀이를 해 보세요. 한 가지 색깔을 사용하면 집중력을 더욱 높일 수 있답니다.
붓을 사용하기 전, 종이에 먹물을 찍어서 먹의 표현을 충분히 느껴 보는 것도 좋아요.
한지에 물을 뿌리거나, 딱딱한 나무 같은 자연물로 선을 그려 보면 미술놀이 시간이 더욱 다채로워져요.

- **재료** 한지(3장 이상), 먹물(1/2컵), 붓(다양한 크기)
- **옵션** 자연물(나뭇가지, 솔방울, 잎사귀 등), 놀이가운 또는 앞치마

 tip
- 화선지에서 먹물이 배어 나올 수 있으니, 바닥에 천을 깔아 주면 좋아요.
- 먹물은 옷이나 가구에 묻으면 지워지지 않아요. 놀이가운을 입고 조심히 사용하세요.
- 한지를 여러 장 겹쳐서 그림을 그려 보세요. 뒷장에 배어 나오는 먹물을 관찰할 수 있답니다.
- 물의 양에 따라 수많은 먹색이 나타나요. 진한 색부터 연한 색까지 만들어 보며 차이를 비교해 보아요.

01 한지를 작게 잘라서 구기고 찢어 보세요.
02 구긴 한지에 먹물을 묻혀요.
03 한지에 물을 뿌리고, 먹물을 묻힌 한지로 찍어요.
04 물을 뿌리지 않은 부분에도 한지를 도장처럼 사용해 찍어 보세요.
05 먹물을 조금만 묻힌 마른 붓으로 선을 그어 보아요.
06 자연물에 먹물을 묻혀서 그림을 그릴 수도 있어요.
07 여러 가지 방법으로 먹물과 화선지를 사용하여 그림을 그리며 놀이해 보세요.

 **미대엄마의 미술육아**

저는 한국화를 전공해서 화선지와 먹의 느낌을 유난히 좋아해요. 아이도 화선지의 질감을 좋아하는지 신나게 구기고 찢으면서 즐거워했어요. 그날따라 마음이 더욱 뿌듯했답니다.

'네가 엄마 배 속에 있을 때, 엄마가 먹물과 한지 냄새를 많이 맡아서 그런지 유난히 더 좋아하는 것 같아. 조금 더 크면 네 이름을 한지에 쓰는 법도 가르쳐 줄게.'

재료 ★★☆ 놀이 ★☆☆

082
내가 만든 붓으로 그리는 그림

여러 가지 재료를 나무집게로 집기만 하면, 그리기 놀이에 사용할 수 있는 나만의 붓 완성!
나무집게에 꽂아 둔 재료가 가지고 있는 특징에 따라 모두 다른 물감 표현이 나타나요.
붓으로는 표현하기 어려운 느낌도 낼 수 있답니다.
재미있어 보이는 재료들을 작게 잘라 나무집게로 집어서 붓으로 만들어 보세요.
아이와 함께 즐겁고 창의적인 방법으로 사물을 탐색할 수 있을 거예요.

- **재료** 물감(3색 이상), 종이(8절), 나무집게(5개), 물감 접시
- **다양한 재료들** 쿠킹포일, 털실, 솜, 솜방울(폼폼), 스펀지(변경 가능)

tip
- 못 쓰는 것들을 버리지 말고 모아 두면 좋은 재료가 되지요.
- 너무 큰 재료들은 작게 잘라서 집어 주세요. 위험하지 않은 재료는 뭐든 가능해요.
- 아이가 평소에 관심을 보인 재료들을 활용해 보세요.
- 붓으로 사용한 집게는 재사용이 가능하니 모아 두면 좋아요. 아이 그림을 걸기에도 좋답니다.

01

02

03

04

01 나무집게와 함께 호기심이 생기는 재료들을 모아서 준비해요.
02 나무집게에 다양한 재질의 재료들을 집어 주세요.
03 준비한 재료에 물감을 묻혀요.
04 종이에 선을 긋거나 콕콕 찍으면서, 각각 다르게 표현되는 형태와 느낌을 관찰해요.

미대엄마의 미술육아

모아 온 재료 중에서 아이는 쿠킹포일을 가장 좋아했어요. 반짝거리는 쿠킹포일이 신기한지, 구겨도 보고 스스로 집게에 집어 보려 노력하는 모습에 미소가 절로 나왔답니다.
재료에 물감을 묻히고 싶은 건지, 아니면 손에 물감을 묻히고 싶은 건지 모르게 여기저기 묻혀 가며 본인만의 창작 세계를 완성했던 즐거운 시간이었습니다.

'미술 재료를 구하는 과정에서도 너의 창의력이 쑥쑥 자라기를.
창의적인 사람은 삶을 즐기며 살 수 있거든.'

재료 ★★☆ 놀이 ★★☆

083
소스통으로 점 그리기

붓을 사용하지 않고 그리는 그림! 더 다양하게 즐겨 볼까요?
그림 그리기에 대한 한계를 짓지 않고, 여러 기법으로 미술활동을 하면 창의력이 쑥쑥 자라요.
형태를 그리거나 색칠하는 것에 싫증을 느껴 미술활동을 즐기지 않는 아이들이 있어요.
그런 아이들도 흥미를 갖고 즐길 수 있는 미술놀이랍니다.
튜브에 있는 물감을 모두 짜 버리지 않도록 소스통에 물감을 덜어 주는 걸 추천해 드려요.

- **재료** 물감(2색 이상), 종이(8절) 또는 캔버스(10호), 물(조금), 소스통 또는 물약병

> **tip**
> ☐ 동그랗게 물감을 짜 보고, 붓으로 문질러서 다른 느낌을 표현해 보아도 좋아요.
> ☐ 원색으로 충분히 미술놀이를 즐긴 후에 물감끼리 섞어 보는 것을 추천해요.
> ☐ 소스통이나 물약병에 물감을 넣고 뚜껑을 잘 닫아 두면 오래 사용할 수 있어요.
> ☐ 점 ➡ 선 ➡ 면의 순서로 그림을 그려 보세요. 이때 손의 힘을 조절해서 눌러야 점을 만들 수 있어요.
> ☐ 물감의 점도에 따라 물의 양이 달라지지만, 물은 많이 들어가지 않아요. 소스통에 미리 넣어서 확인한 다음 물을 추가해 주세요.

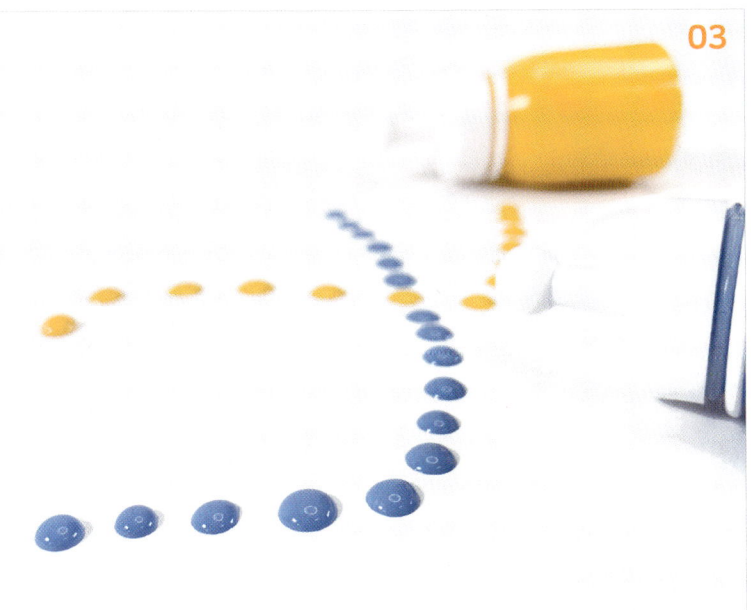

01 재료를 준비해요.
02 소스통에 물감과 물을 5:1의 비율로 넣고 흔들어서 섞어 주세요(물감의 질감에 따라 물을 더 넣거나 줄이면 돼요).
03 종이나 캔버스에 물감을 조금씩 짜 보아요.
04 동그랗게 뭉친 물감들을 짜면서 사진과 같은 선을 만들어 보세요.

미대엄마의 미술육아

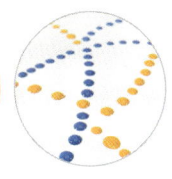

소스통에 호기롭게 물감을 덜었지만, 아직 어린아이가 손의 힘을 조절하여 점을 찍는 건 무리였나 봐요! 쭉쭉~ 있는 힘껏 소스통의 물감을 짜 버려서, 의도치 않은 멋지고 신선한 작품이 나오긴 했지만 아이가 크면 그때 다시 시도해 보려고 해요.
'언젠간 손의 힘도 감정도 스스로 잘 조절하는 사람으로 훌쩍 커 있겠지?'

084
캔버스 미술놀이

붓을 사용해 그림을 그리기 어려운 아이들부터 연령이 높은 아이들까지 할 수 있는 놀이예요.
비닐 아래에 짠 물감을 손으로 눌러서 퍼트리며 물감이 섞이는 모습을 관찰할 수 있어요.
물감이 손에 묻지 않는 장점이 있어, 구강기 아이들도 안전하게 놀이할 수 있답니다.
캔버스에 그린 그림은 벽에 걸어 두기 쉽고 오래 보관할 수 있어요.
아이와 함께 완성한 작품을 잘 보이는 곳에 멋지게 걸어 두고 감상해 보세요.

- **재료** 아크릴 물감(5색), 마스킹 테이프(1개), 캔버스(20호), 투명한 비닐 또는 쿠킹랩
- **옵션** 반짝이 가루, 꾸미기 재료

tip
- 아이 이름을 마스킹 테이프로 만들어 보아요.
- 물감이 마르기 전에 아크릴 물감 위에 반짝이 가루를 뿌려 주면 그대로 굳어요.

01

02

03

04

05

06

01 캔버스를 탐색하며 종이와 다른 점을 이야기해 보아요.
02 캔버스에 마스킹 테이프로 그림을 그린 후, 그 위에 물감을 자유롭게 짜 주세요.
03 비닐이나 랩으로 물감 위를 덮어요.
04 비닐 위를 손으로 누르며 물감이 퍼지는 모습을 관찰해요.
05 비닐을 제거해 주세요.
06 물감이 꾸덕하게 마르면 마스킹 테이프를 떼어 내요.

미대엄마의 미술육아

손에 물감을 묻히지 않으면서 캔버스에 아이와 함께 그림을 그릴 방법을 찾다가
이 놀이를 떠올렸답니다. 캔버스에 남긴 흔적이 멋진 작품이 되어서,
아이와 처음으로 만든 그림이 거실에 걸렸어요. 볼 때마다 그날의 추억이 떠오르네요.
잘 간직했다가 언젠가 아이가 독립할 때, 엄마랑 그렸던 이 그림을 선물로 주고 싶어요.
'엄마랑 함께 그림 그렸던 행복한 시간을 기억해 주겠니?'

085
수성사인펜으로 그리는 수채화

물의 양을 조절해야 하는 수채화가 어렵게 느껴질 때, 수성사인펜을 활용해 볼까요?
물이 닿으면 번지는 수성사인펜의 효과를 이용하여 수채화와 비슷한 느낌의 그림을 그릴 수 있어요.
수성사인펜은 펜 형태로 되어 있어서 물감보다 준비하기도 간편해요.
붓이 없으면 스프레이를 사용하여 물을 뿌려 보아도 재미있답니다.
붓 사용이 익숙지 않거나, 붓끝에 얼마나 힘을 줘야 할지 조절하기 힘들어하는 아이들도 즐겁게 할 수 있는 놀이예요.

- **재료** 수채화 종이(8절), 수성사인펜(7색), 붓(다양한 크기), 물통
- **옵션** 스프레이

tip
□ 두꺼운 수성사인펜을 사용해 그림을 그려야 번지는 기법이 극대화됩니다.
□ 수성사인펜의 촉에 물이 닿으면 펜이 나오지 않게 될 수 있으니 유의하세요.

01

02

03

04

01 재료를 준비해요.
02 준비한 종이 위에 수성사인펜으로 그림을 그려요.
03 사인펜으로 그린 그림에 붓으로 물을 묻혀요.
04 사인펜이 번지는 모습을 관찰해 보세요.

미대엄마의
미술육아

아이가 펜 뚜껑을 열고 닫는 것에 관심이 높아진 시기가 있었어요.
그때 자연스럽게 수성사인펜을 사용해 그림을 그리고, 물로 번지게 하는 놀이를 함께했어요.
아이가 어떤 사물에 관심을 보이기 시작하면, 그 사물을 활용할 수 있는 놀이를 해 보세요.
'요즘은 펜보다 디지털 기기를 더 가까이 두지.
하지만 펜이 주는 따뜻함을 아는 사람으로 자랐으면 해.'

재료 ★☆☆ 놀이 ★★☆

086
쭈글쭈글 쿠킹랩 그림

이번에는 쿠킹랩으로 멋진 그림을 그려 볼까요?
쿠킹랩이 물감을 잡아 주는 덕분에, 물감이 마르면서 진하고 연한 부분이 생기는 모습을 관찰할 수 있어요.
물감이 마를 때까지 기다려야 나타난 그림을 볼 수 있어서 인내심을 기를 수 있답니다.
템포 빠른 미디어에 노출이 많은 요즘 아이들에겐 천천히 기다리며 지구력을 기르는 놀이가 필요해요.
시간이 지나야 효과를 관찰할 수 있는 놀이를 통해, 아이들에게 기다림에 대해 가르쳐 주세요.

• **재료** 수채화 종이(8절), 쿠킹랩(종이 크기), 수채화 물감(3색 이상), 붓(다양한 크기), 물통, 접시 또는 팔레트

> **tip**
> ☐ 꼭 물감이 모두 마른 뒤에 쿠킹랩을 제거하세요.
> ☐ 쿠킹랩을 사용하면 주름의 이미지를 관찰하기 쉬워요.
> ☐ 물감 양을 넉넉히 사용해 주세요.

01

02

03

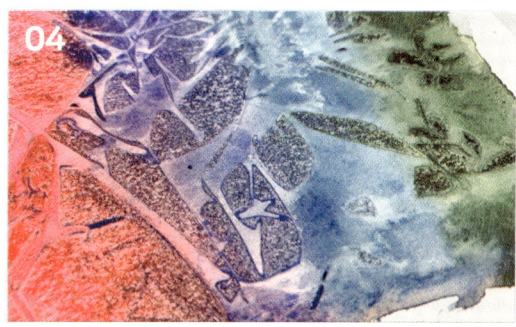

04

01 쿠킹랩의 질감을 탐색하며 특징을 관찰해 보세요.

02 접시나 팔레트에 물감과 물을 섞고, 붓에 충분히 묻혀서 종이에 그림을 그려요.

03 물감이 마르기 전에 쿠킹랩을 종이 위에 올려요.

04 물감이 마르면 쿠킹랩을 떼어 내고 형태를 관찰해 보세요.

미대엄마의 미술육아  물감이 모두 마른 후에 쿠킹랩을 제거해야 하는데,
아이가 자꾸 떼어 버리려고 하는 바람에 인생 교육시간이 되어 버린 놀이랍니다.

*'딸아, 때로는 지루한 기다림이 달콤한 선물을 준단다.
그림이 완성될 때까지 우리 같이 기다려 볼까?'*

087 초간단 스텐실

스텐실(stencil)은 종이나 금속판을 잘라서 찍어 내는 판화 기법이에요. 구멍 뚫린 부분에는 물감이 묻어서 이미지가 생기고, 잘려 나가지 않은 부분에는 이미지가 찍히지 않아서 손으로 그리지 않아도 물감으로 형태를 표현할 수 있어요. OHP 필름에 도안을 따라 그리며 아이의 눈손 협응력을 기를 수도 있답니다. 형태 표현이 힘든 어린아이들에겐 엄마 아빠가 스텐실 도안만 준비해 주세요. 스펀지에 물감을 묻혀 두들기며 재미있는 미술놀이를 진행할 수 있어요.

- **재료** OHP 필름(A4 크기), 종이(8절), 아크릴 물감 또는 수채화 물감, 네임펜 또는 유성매직, 스펀지, 종이접시, 칼
- **옵션** 도안

□ 칼 사용은 위험할 수 있으니, 꼭 어른의 지도와 보호하에 활동할 수 있도록 해 주세요.
□ 도안을 프린트해서 필름에 따라 그리면 더욱 쉬워요. OHP 필름이 없다면 코팅지나 두꺼운 종이를 사용할 수 있어요.
□ 스텐실을 찍고 난 뒤에 그리기 도구를 활용해서 그림을 완성해 보세요.
□ 완성한 스텐실 작품으로 페이퍼 위빙(208쪽) 확장놀이를 진행할 수 있어요.

01

02

03

04

05

06

01 유성매직과 OHP 필름을 준비해요.
02 네임펜 또는 유성매직으로 OHP 필름에 그림을 그려요(도안을 따라 그려도 좋아요).
03 칼로 찍어 낼 이미지를 잘라 내 주세요.
04 종이 위에 OHP 필름을 올려놓고, 종이접시 위에 물감을 준비해요.
05 스펀지에 물감을 묻혀서 OHP 필름 위에 두들기듯 칠해 주세요.
06 OHP 필름을 걷어 내고 물감을 말려요.

하원할 아이와 무엇을 하며 놀지 생각하고 준비하며 아이를 기다려요.
놀이하기 전에 혼자 조용히 준비하는 이 시간이 오면,
마치 아이의 선물을 준비하는 듯한 기분이 든답니다.
'너와 함께할 시간을 준비하는 것조차 엄마에게는 선물이란다.'

088
내가 만든 크레용

크레용을 사용하다 보면 부러지거나 작아져서 그림 그리기 힘든 조각들이 생겨요. 이런 크레용 조각들을 모아 두었다가 아이만의 크레용으로 만들어 보세요. 유난히 한 가지 색만 사용하는 아이들에게는 자연스럽게 다른 색의 사용을 유도할 수도 있어요. 예를 들어 파란색만 사용하려고 한다면, 유사 색인 하늘색과 남색, 파란색 크레용을 잘게 잘라 하나의 조각으로 만들어서 종이에 그림을 그려 보세요. 컬러 스펙트럼이 점점 넓어지면서 자연스럽게 다른 색도 접할 기회를 줄 수 있답니다.

- **재료** 크레용(5색 이상), 실리콘 몰드(오븐 가능), 에어프라이어 또는 오븐, 안전가위 또는 칼
- **옵션** 종이컵

tip
- 크레용을 잘게 자를 때는 보호자의 도움이 필요해요.
- 에어프라이어에서 꺼낸 크레용은 뜨거울 수 있으니, 완전히 식으면 아이가 만질 수 있도록 해 주세요.

01 크레용을 가위나 칼로 잘게 잘라요(평소 사용하고 남은 조각들을 모아 두면 좋아요).
02 크레용 조각을 몰드에 2/3 정도 채워 주세요.
03 몰드를 에어프라이어 또는 오븐에 넣고, 180℃로 10분 정도 돌려요.
04 실온에서 식힌 후 크레용이 굳으면 몰드에서 꺼내요.

미대엄마의 미술육아

그림을 그리며 부러진 크레용 조각들이 새로운 크레용으로 변하자 신기했나 봐요.
또 다른 크레용 조각이 없는지, 구석구석 찾는 아이를 지켜보며 쉬는 시간이 생겼어요.
가끔은 미술놀이를 하면서 엄마도 쉴 시간을 벌어 보았으면 합니다.
미술놀이의 숨겨진 또 다른 매력이 아닐까요?
'어릴 때 좋아하던 색의 크레용이 짧아지면 얼마나 속상했던지, 그 기분이 아직도 생각이 나. 엄마는 미술 재료를 통해 많은 감정을 느꼈단다. 너와 이 놀이를 하니 그때의 기분이 떠올라.'

재료 ★★☆ 놀이 ★★☆

089
달걀 염색놀이

집에서 쉽게 구할 수 있는 달걀을 예쁘게 꾸며 보는 미술놀이 시간!
달걀을 염색하고 관찰하면서 사물에 대한 호기심과 관찰력을 기를 수 있답니다.
식용색소는 착색을 위해 만들어진 재료다 보니, 손이나 옷에 묻으면 잘 지워지지 않을 수 있어요.
따라서 놀이가운을 착용하고 놀이하는 것을 추천해요. 염색한 후 어떤 동물의 알로 보이는지,
아이의 상상력을 자극하는 대화를 나누어 보면 창의적인 대답을 들을 수 있을 거예요.

- 재료 달걀(3개 이상), 고무줄(달걀 수만큼), 식용색소(3색 이상), 키친타월, 스포이트, 물, 접시
- 옵션 놀이가운 또는 앞치마

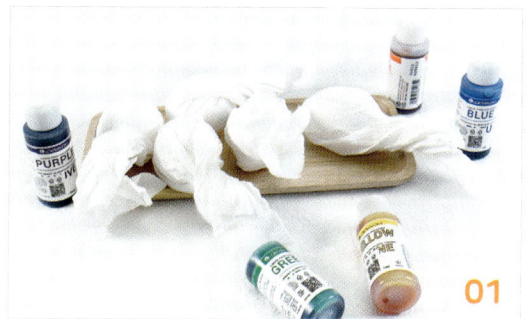

01 달걀의 모양과 특징을 관찰하며 이야기 나누어 보세요.

02 달걀을 키친타월로 감싸고 고무줄로 묶어 주세요.

03 키친타월에 식용색소를 떨어트려요.

04 키친타월로 감싼 달걀에 스포이트를 사용해 물을 조금 적셔 주세요.

05 실온에 30분 정도 두세요.

06 키친타월을 제거하고 염색한 달걀을 관찰해 보아요.

미대엄마의 미술육아

예쁘게 염색된 달걀 안에 어떤 아기가 들어 있을 것 같냐는 물음에,
아이가 "타요 아기?" 하고 평소 좋아하던 캐릭터를 말해서 한참 웃었던 기억이 나는 놀이예요.
달걀을 들고 나가서 풀숲에 숨겨도 보고, 예쁘게 안아 주기도 하며 엄마 체험을 했답니다.
'아직 부화하지 않은 알처럼, 네가 자라서 어떤 사람이 될지 엄마는 정말 궁금하구나.
스스로 알을 깨고 나올 힘을 기를 때까지 엄마가 곁에서 지켜 줄게.'

090
페이퍼 위빙

세로실과 가로실을 교차하여 직물을 짜는 위빙(weaving) 기법을 종이로 재현해 보는 놀이예요.
바로 페이퍼 위빙놀이! 다양한 색깔의 종이로 패턴을 만들 수 있어요.
아이가 그린 그림을 잘라서 위빙 작업으로 확장하면 재미있는 이미지를 찾을 수 있답니다.
스스로 가위질을 할 수 있고, 손의 움직임이 자유로운 아이들은 끼워 넣는 종이를 더 얇고 길게 만들어서
페이퍼 위빙놀이를 해도 좋아요. 위빙 작품을 완성하여 아이와 감상하면서 성취감과 자존감을 높일 수 있어요.

 • **재료** 검은색 종이(8절), 그림이 그려진 종이 또는 색 켄트지(8절), 안전가위

> **tip**
> ☐ 그림이 그려져 있지 않은 종이도 잘라서 위빙놀이를 해 보세요.
> ☐ 위빙을 완성한 후에 그리기 도구를 이용해 색칠해도 좋아요.
> ☐ 두 종이의 크기가 비슷해야 해요.

01

02

03

01 켄트지를 반으로 접고, 접힌 부분을 사진과 같이 가로로 잘라 주세요.
02 그림이 그려진 종이를 사진과 같이 길게 잘라 주세요.
03 그림이 그려진 종이를 검은색 종이에 지그재그로 끼워 넣어요.

저는 아이가 그린 그림을 거의 모아 두는 편이에요.
낙서한 종이들도 모아 두면 색종이처럼 쓰거나, 다른 놀이에 활용할 수 있어서 좋아요.
아이가 기억 못 하는 것 같지만 다른 놀이를 할 때 꺼내 주면
"엄마랑 했던 거, 이거 할 때 이렇게 이렇게 했지?" 하면서 이야기하곤 합니다.
아이의 작품을 모아 두었다가 새로운 놀이에 다시 활용해 보세요!
'기억력이 좋은 네가 가끔 무서울 때가 있어.
엄마가 잘못한 것도 모두 기억하고 있으면 어쩌지, 하는 생각이 들어서 말이야.'

091 마블링 모빌 만들기

반투명한 컬러 모빌을 만들어 볼까요? 목공용풀이 굳기 전에 식용색소를 떨어트리고 마블링 모양을 만든 뒤,
굳힌 조각을 낚싯줄에 꿰어 매달면 완성! 목공용풀이 단단하게 굳는 성질을 이용해
여러 가지 모양의 조각들을 만들 수 있답니다. 이 과정에서 아이들의 응용력과 창의력이 쑥쑥 자라나요.
입체적인 모빌을 만들면서 공간 인지 기능도 함께 향상된답니다.
햇빛이 많이 비치는 곳에 걸어 두고, 빛에 따라 달라지는 색깔도 관찰해 보세요.

- **재료** 식용색소(3색 이상), 종이컵(5개), 목공용풀, 낚싯줄, 이쑤시개, 안전가위 또는 클립, 칼
- **옵션** 구슬 비즈, 반짝이 가루

> **tip**
> ☐ 목공용품을 많이 짜면 굳을 때 시간이 매우 오래 걸려요.
> ☐ 가위를 사용하여 구멍을 뚫을 때는 위험할 수 있으니 보호자의 지도가 필요해요.
> ☐ 식용색소 대신 물감으로 대체해도 좋아요.

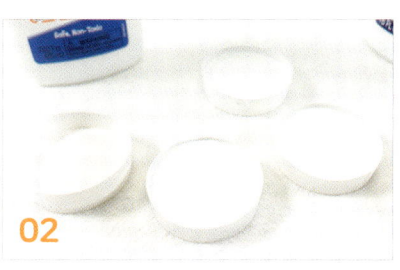

01 종이컵 바닥을 칼로 사진과 같이 살라요.
02 자른 종이컵 바닥에 목공용품을 얇게 짜 주세요.
03 목공용품 위에 식용색소를 2~3방울 떨어트려요.
04 이쑤시개로 저어서 마블링 모양을 만들어 주세요.
05 반짝이 가루를 뿌리고, 실온에서 하루 정도 굳혀요.
06 모두 마르면 종이컵을 제거한 후, 클립 또는 가위를 이용해 구멍을 뚫어요.
07 낚싯줄로 구멍을 연결해 주세요. 중간중간 비즈를 끼워도 좋아요.
08 해가 잘 들어오는 곳이나 야외에 들고 나가서 장식해 보세요.

미대엄마의 미술육아

아이와 완성한 모빌을 들고 나가서 나무에 걸어 보고 사진도 찍으며 놀았어요.
밖에 나가는 것을 좋아하는 아이라서, 작품을 야외의 다양한 곳에 놓고 사진 찍어 볼 기회를
많이 주는 편이에요. 집에서 보는 작품과 야외에서 보는 작품의 느낌은 많이 달라요.
주변 환경이 바뀌면서 배경도 바뀌기 때문에, 아이들은 본인이 만든 작품을
또 다른 시선으로 볼 수 있답니다. '넓은 세상에서 너의 꿈을 펼칠 수 있길 바라며.'

재료 ★★☆ 놀이 ★☆☆

092 코튼볼로 그림 그리기

버리는 키친타월 심을 가지고 즐거운 미술놀이를 할 수 있어요.
키친타월 심에 코튼볼을 붙인 상태로 물감을 이리저리 밀면 종이에 물감 자국이 생겨요.
밀린 물감 자국을 따라가 보면서 색과 형태를 관찰할 수 있답니다.
키친타월 심을 돌려 가며 코튼볼을 여기저기 붙여 보아도 재미있게 놀 수 있어요.
붓이 아닌 다른 도구로 선을 그리며, 재료마다 다르게 표현되는 이미지에 관해 이야기해 보세요.

- **재료** 키친타월 심(1개), 코튼볼(10개 이상), 물감(5색 이상), 종이(8절), 글루건
- **옵션** 휴지심

> **tip**
> ☐ 글루건 사용은 화상의 위험이 있으니 보호자의 도움이 꼭 필요해요.
> ☐ 너무 세게 밀면 코튼볼이 떨어질 수 있으니 힘을 조절하여 놀이해요.
> ☐ 짧은 휴지심에도 코튼볼을 붙여서 놀 수 있어요.

01 재료를 준비하고 코튼볼을 탐색해요.

02 키친타월 심에 글루건으로 코튼볼을 붙여요.

03 종이에 물감을 짜고 코튼볼에 묻혀 주세요.

04 키친타월 심을 움직이면서 종이에 선을 그려요.

05 여러 방향으로 밀면서 자유롭게 그림을 그려 보세요.

힘 조절이 힘든 아이가 코튼볼을 모두 떨어트려서, 결국 손으로 잡고 그림을 그렸어요.
아이와의 놀이는 꼭 엄마가 생각한 그림대로 나오지 않는 경우가 많아요.
결과물을 엄마가 미리 정해 놓고 놀이하지 마세요.
준비는 엄마가 도와주었더라도, 놀이는 결국 아이의 몫이니까요.

'너의 꿈도 미래도 엄마가 정해 두고 기대하지 않을게. 네 인생은 네가 생각한 대로 그리렴.'

재료 ★★☆ 놀이 ★☆☆

093
커피 여과지 스케치북

물을 흡수하는 성질을 가지고 있는 여과지에 수성사인펜으로 그림을 그린 뒤, 스포이트로 물을 뿌려 보세요.
수성사인펜이 천천히 번지며 여과지 전체가 염색되는 모습을 관찰할 수 있답니다.
여과지가 모두 마르면 자르거나 접어서 여러 가지 형태를 만들 수도 있어요.
종종 접하는 사각형 형태가 아니어서, 아이가 재미있는 구도를 만들고 창의력을 확장할 수 있죠.
일반적인 종이보다 물이 빨리 번지는 여과지에 수채화 물감으로 그림을 그려도 재미있어요.

• 재료 물(1컵), 커피 여과지(2장 이상), 수성사인펜(5색 이상), 스포이트 또는 물약병

> **tip**
> ☐ 그림이 그려진 여과지를 물이 담긴 접시 위에 떨어트려도 좋아요.
> ☐ 꼭 무지개 색이 아니어도 돼요. 다양한 색이 물을 흡수하면서 번지는 과정을 관찰해 보세요.

01 재료를 준비하고 여과지를 탐색해 보세요.
02 여과지 위에 수성사인펜으로 사진처럼 그림을 그려요.
03 그림을 그린 여과지에 스포이트로 물을 떨어트려 보세요.
04 수성사인펜 잉크가 여과지에 번지는 모습을 관찰해요.

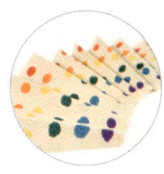

육아하면서 커피를 천천히 내려 마시기보다 캡슐커피로 빨리 만들어 먹는 게 익숙해지자, 사용하지 않는 커피 여과지가 많아졌어요. 쌓여 있는 여과지를 보며 내 시간을 아이에게 참 많이 쏟고 있구나, 하는 생각에 잠시 묘한 감정이 들었답니다.
'내 잠을 줄이고, 아이를 재우고, 내 밥보다 아이 밥을 먼저 챙기고, 혼자만의 시간보다 아이와의 시간을 우선하고…. 이렇게 저도 조금씩 엄마로 자라나고 있나 봅니다.'

재료 ★☆☆ 놀이 ★☆☆

094 밀가루 물감

외곽선의 형태적 특징을 보고 사물을 유추하는 놀이는 시지각 발달을 촉진해 준답니다.
형태를 통해 유추하는 과정은 고차원적인 사고력이 필요해서, 뇌 발달에 효과적일 수 있어요.
밀가루의 촉감을 느껴 보는 것도 감각 기관의 발달을 위해 중요한 과정이에요.
체를 사용하기 어려운 어린아이들은 손으로 밀가루를 잡고 뿌리는 방법으로 놀아도 좋아요.
검은색 종이와 흰색 밀가루의 색깔 대비를 관찰하며 동물의 형태를 찾아보세요.

- **재료** 밀가루(1컵), 검은색 종이(8절), 체, 동물 피규어
- **옵션** 자연물, 놀이매트 또는 놀이트레이

□ 놀이매트를 깔고 놀이를 진행하면 좋아요.
□ 호흡기로 밀가루를 흡입하지 않도록 주의하세요.
□ 아이가 좋아하는 피규어로 형태를 만들고, 어떤 피규어인지도 알아맞혀 보세요.
□ 꼭 검은색 종이가 아니더라도, 어두운색의 종이를 깔고 밀가루를 뿌리면 색의 대비로 형태를 찾을 수 있어요.

01 재료를 준비하고 밀가루를 탐색해 보세요.
02 검은색 종이에 동물 피규어를 올린 후, 밀가루를 체에 넣고 뿌려요
03 밀가루가 뿌려진 피규어를 관찰해요.
04 피규어를 제거하고 나타난 형태를 보면서 동물을 유추해 보세요.
05 자연물을 검은색 종이 위에 올리고, 같은 방법으로 형태를 만들어 보세요.
06 자연물을 제거하고 모양을 관찰해요.

미대엄마의 미술육아

체를 탁탁 쳐서 밀가루 뿌리는 것이 재미있었는지, 집 안이 온통 엉망이 되었어요. 아이 얼굴에 묻은 밀가루를 보며 웃었지만, 청소가 조금 힘들 수 있으니 꼭 놀이매트를 깔고 놀이하시길 바랍니다.
'밀가루 하나로 이렇게 즐거울 수 있다니. 너의 웃음을 위해 엄마가 조금 양보할게.'

재료 ★☆☆ 놀이 ★★☆

095
구불구불 마법 실

실이 물감을 이동시키면서 나타나는 마법 같은 형상을 관찰하는 놀이입니다.
종이를 2장 맞대기 때문에 데칼코마니의 이미지가 함께 만들어져요.
종이를 열어 보기 전에, 어떤 모양이 나왔을지 아이와 상상해 보고 이미지를 확인해 보세요.
물감의 이미지를 유추하는 과정에서 아이의 상상력을 자극한답니다.

 • 재료 두꺼운 실(20cm), 아크릴 물감(5색 이상), 종이(A4 크기 2장 이상)

tip
- ☐ 실의 두께나 재질에 따라 다르게 표현되는 이미지를 비교해요.
- ☐ 종이를 너무 세게 누르면 물감이 모두 뭉쳐 버려요.
- ☐ 실을 놓는 모양을 다르게 하며 놀이해 보세요.

01

02

03

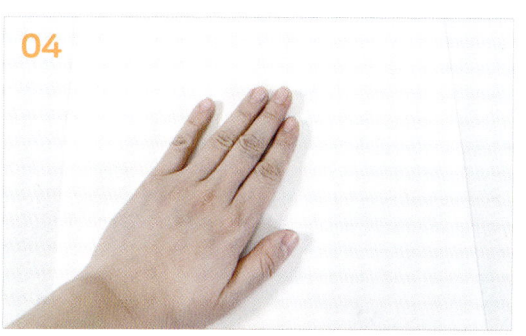
04

01 종이의 세로 면보다 실을 더 길게 잘라요.
02 종이에 털실을 올리고 물감을 짜 주세요.
03 종이 위에 같은 크기의 종이를 1장 덮어요.
04 종이를 손으로 누르면서 털실을 빼내요.
05 나타난 그림을 관찰하고 생각나는 형상을 이야기해 보세요.

05

미대엄마의 미술육아

아이의 작은 손 위에 제 손을 포개어 종이를 누르면서, 따뜻한 온기도 함께 느꼈던 놀이예요.
'네 손이 언젠간 엄마 손보다 더 커지는 날이 오겠지?
그때도 우리 이렇게 친구처럼 손을 포개며 재미있게 놀았으면 좋겠어.
언제까지나 친구 같은 엄마가 되어 줄게.'

096 물 위에서 그리는 신기한 그림

마블링 물감으로 멋진 그림을 찍어서 만들어 볼까요?
마블링 물감은 물감이 물 위에 뜨는 원리를 이용해서 만들 수 있어요.
물 위에 물감을 떨어트리고 종이를 덮으면, 아주 쉬운 방법으로 그림을 만들 수 있답니다.
움직이며 즐기는 활동에 흥미가 있는 아이들은 손으로 그림 그리기보다 좋아하는 놀이예요.
추상적인 이미지나 색을 보고 연상되는 사물이나 동물, 풍경, 인물 등에 대해 이야기를 나눠 보세요.

- **재료** 다양한 색의 종이(A4 크기 여러 장), 마블링 물감(6색 이상), 물, 놀이트레이, 집게
- **옵션** 비닐장갑, 작은 나무집게, 끈

tip
☐ 마블링 물감은 기름기가 있어서 트레이에 묻었을 때 잘 안 지워질 수 있어요. 휴지를 사용하여 먼저 닦아 낸 뒤 씻는 게 좋아요.
☐ 아이 손에 묻지 않도록 비닐장갑을 끼고 놀이하는 걸 추천해요.
☐ 테이블에 비닐을 깔고 놀이하면 청소가 쉬워져요.

01 놀이트레이에 물을 1/2 정도 담아요.
02 물에 마블링 물감을 한 방울씩 떨어트려요.
03 종이를 평평하게 물감 위에 살짝 얹어요.
04 집게를 사용하여 종이를 건져 내세요.
05 벽에 끈을 걸고 작은 집게로 종이를 걸어서 말려요.
06 종이가 완전히 마르면 위치를 바꾸어 보아요.

형태를 표현하는 것보다 재료 자체를 탐색하기를 즐기는 아이와의 미술놀이.
그래서 언제나 약간의 노동력이 필요해요.
아이는 물감을 쭉쭉 짜면서 느껴지는 쾌감이 큰지, 마블링 놀이를 하며 즐거워했답니다.
'엄마 눈에는 보이지 않는 이미지를 찾아내는 널 보며, 내가 보는 세상이 전부가 아님을 알았어.
앞으로도 널 통해 만나게 될 멋진 세상들을 기대할게.'

 재료 ★☆☆ 놀이 ★☆☆

097
콕콕 면봉 미술놀이

집에 있는 면봉으로 간단하게 점묘화 기법을 표현해 그림을 완성할 수 있어요.
면봉 하나로 작은 점을 찍으며 형태를 만들 수도 있고,
면봉 여러 개를 뭉쳐서 많은 점으로 이미지를 그릴 수도 있답니다.
키친타월에 색소가 닿으면 빠르게 번져 나가서 손의 힘이 없는 아이들도 성취감을 느낄 수 있어요.
번짐이 덜한 일반 종이에 찍으면 더 선명한 점을 만들 수 있으니, 둘 다 해 보시는 것을 추천해요.

- **재료** 면봉(20개 이상), 키친타월(3장 이상), 식용색소 또는 물감, 고무줄, 팔레트 또는 접시
- **옵션** 흰 종이

| tip | ☐ 키친타월 대신 종이에 면봉을 찍으며 놀이해도 좋아요.
☐ 각각의 면봉에 다른 색을 묻히고 묶은 뒤 콕콕 찍어 보세요.
☐ 면봉을 여러 개 묶어서 찍어도 재미있는 이미지를 만들 수 있어요. |

01 낱개로 된 면봉과 고무줄로 10개 이상 묶은 면봉을 준비해 주세요.

02 식용색소를 면봉에 묻혀 키친타월에 찍어요.

03 다양한 색깔의 점을 찍으며 비교해 보세요.

04 점을 선으로 이어 보며 형태를 만들어요.

평소 엄마가 면봉 사용하는 모습을 유심히 보았는지, 면봉을 꺼내자마자 달려들어 귀로 가져가는 아이. '이걸로 그림을 그리자고?' 하는 표정으로 쳐다보더니, 면봉에 물감을 묻혀 톡톡 찍으며 키친타월에서 번지는 색을 즐겁게 관찰하며 놀았어요.

'엄마의 모든 행동이 신기한지 꼭 한 번씩 따라 하는 너. 엄마는 아이의 우주라는 말이 떠올라. 앞으로도 너에게 모범이 되는 엄마가 되도록 노력할게.'

098 주르륵 환상적인 푸어링

자유롭게 물감을 섞어서 캔버스에 부으면 짠 하고 마블링과 같은 무늬가 나타납니다.
푸어링은 아크릴화 기법 중 하나로, 아크릴 물감에 푸어링 미디엄을 섞어 다양한 레이어를 만들어 붓는 방식이에요. 물감을 섞는 과정에서 덩어리지지 않도록 잘 저어 주는 게 중요하답니다.
물감을 컵 하나에 층층이 쌓을 때는 보색 대비가 강할수록 캔버스 위에서 마블링이 잘 보여요.
'유색 물감-흰색 물감-유색 물감-흰색 물감'의 순서로 컵을 채워 캔버스에 부으면 뚜렷한 층을 관찰할 수 있어요.

- **재료** 캔버스(15×20cm), 푸어링 미디엄(50㎖ 이상), 아크릴 물감(4색), 종이컵(7개), 나무막대(4개), 큰 비닐, 니트릴장갑 또는 비닐장갑
- **옵션** 반짝이 가루, 놀이가운 또는 앞치마

 tip
- 아크릴 물감은 마르기 전에 씻으면 쉽게 지워지지만, 마르고 나면 굳어서 잘 지워지지 않아요. 꼭 비닐이나 종이를 깔고 놀이하세요.
- 푸어링 미디엄은 제조사마다 물감과 섞는 비율이 달라요. 사용 전 설명서를 꼭 확인해 주세요.
- 작품을 완성한 후 물감이 마르기 전에 반짝이 가루를 뿌려도 좋아요.

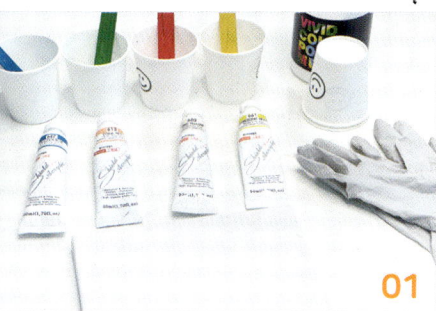

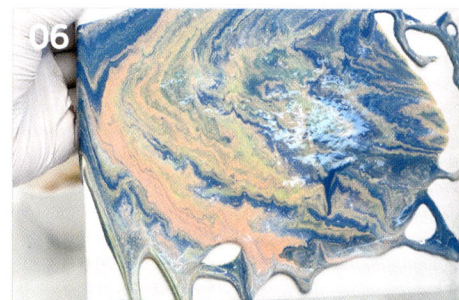

01 비닐을 깔고 재료를 모두 준비해요.

02 각각의 종이컵에 물감과 푸어링 미디엄을 1:2의 비율로 섞어 주세요.

03 빈 종이컵 하나를 기울여서 미디엄을 섞은 물감을 층층이 쌓아요.

04 종이컵 2개를 거꾸로 둔 뒤 캔버스를 사진과 같이 올려요.

05 캔버스에 **03**을 자유롭게 부어 주세요.

06 장갑을 낀 손으로 캔버스를 이리저리 기울여서 색을 채워요.

07 **04**와 같이 종이컵 위에 캔버스를 수평으로 두고 반나절 이상 물감을 말려요.

 미대엄마의 미술육아

제 작업방에는 다양한 물감과 종이 그리고 미디엄들이 있어요.
항상 관심 있게 보는 아이를 위해 엄마랑 작품을 만들 수 있는 놀이를 준비했어요.
아이와 저의 협동 작품이 완성되었다는 뿌듯함에, 미술을 전공하길 잘했다는 생각이 들었답니다.
오래 보관할 수 있는 아크릴 작품이라 아이가 크면 방에 걸어 주고 싶어요.
'캔버스 뒷면에 적힌 날짜도 언젠간 희끗희끗하게 바래며 추억이 되겠죠?'

재료 ★★☆ 놀이 ★★☆

099
데굴데굴 그림

구슬이나 바퀴를 종이 위에 놓고 굴리며 물감 자국을 만들어 보세요.
뭐든 굴러가는 것으로 간단하고 쉽게 미술놀이를 할 수 있어요.
이리저리 굴러가는 구슬에 따라 달라지는 이미지들에 즐거움을 느낄 수 있답니다.
전지 크기의 종이 위에 아이가 앉아 자동차를 굴리며 길을 만들면서 놀이해도 좋아요.

- **재료** 큰 구슬(10개 내외), 작은 구슬(10개 내외), 흰 종이(2장 이상), 물감(3색 이상), 위가 열린 종이박스 또는 접시(높이 7cm 이상), 장난감 자동차

□ 아이가 구슬을 삼키지 않도록 보호자가 지켜봐 주세요.
□ 장난감 자동차는 꼭 바퀴가 굴러가는 걸로 준비해 주세요.
□ 너무 얕은 박스는 구슬이 튕겨 나올 수 있어서 박스 높이가 최소 6cm는 넘어야 해요. 높으면 높을수록 편하답니다.

01 위가 열린 종이박스 또는 접시 안에 맞게 종이를 잘라서 준비해요.
02 종이 위에 물감을 짜 주세요.
03 구슬을 종이 위에 올려 두어요.
04 종이박스 또는 접시를 들고 좌우로 구슬을 움직이면서 생기는 물감 자국을 관찰해요.
05 종이를 꺼내 물감 색깔과 선을 보고 이야기 나눠 보세요.
06 종이에 물감을 짜서 자동차 장난감 바퀴를 굴리며 선을 만들어 보고, 두 선의 차이를 비교해 보아요.

미대엄마의 미술육아

버스와 택시를 좋아하는 딸아이를 보면 새삼 신기해요. 주변에도 자동차나 공룡을 제일 좋아하는 여자아이들을 쉽게 볼 수 있어요. 성 고정관념이 많이 무너지고 있다는 생각이 들어요. 긍정적인 변화죠. 우리 아이들이 살아갈 세상은 남녀평등이란 말조차 어색할 정도로 평등한 세상이었으면 좋겠습니다. '네가 살아갈 세상을 조금씩 바꾸어 줄게. 우리 딸은 엄마 같은 고민을 할 시간에, 더 나은 무언가를 위해 고민할 수 있길.'

재료 ★★☆ 놀이 ★★☆

100
쫀득쫀득 거품 물감

셰이빙폼과 목공용풀을 섞고 컬러를 추가하면 신기한 거품 제형의 물감 완성!
붓이나 나무막대를 이용해 검은색 종이에 칠하면 효과가 더 좋답니다.
목공용풀이 거품을 단단하게 고정해 주어서 입체감 있는 그림을 그릴 수 있어요.
접착력이 높아서 캔버스나 종이 어디든 그림 그리기 좋지요.
쫀득쫀득 거품 물감을 만들어서 즐거운 미술놀이 시간을 가져 보세요.

- **재료** 셰이빙폼(1컵), 무독성 목공용풀(1/2컵), 식용색소(5색 이상), 검은색 종이(8절), 종이컵(색깔별로), 나무막대(색깔별로), 붓(중간 크기 평붓)
- **옵션** 놀이가운 또는 앞치마

> **tip**
> □ 셰이빙폼 계량이 쉽지 않으니, 눈대중으로 목공용풀과 2:1의 비율을 맞춰 섞어 주세요.
> □ 쫀득한 물감을 반나절 이상 굳히면 단단하게 굳어요.
> □ 식용색소가 없다면 물감을 섞어도 좋아요.
> □ 목공용풀이 섞여 끈적이기 때문에 놀이가운이나 앞치마를 입고 놀이해요.

01

02

03

04

05

01 재료를 준비하고 셰이빙폼과 목공용풀의 질감을 비교해 보세요.
02 셰이빙폼과 목공용풀을 2:1의 비율로 섞어요.
03 식용색소를 2~3방울 떨어트려서 물감을 만들어 주세요.
04 종이에 붓으로 바르면서 형태를 만들어요.
05 나무막대로 덜어서 종이에 자유롭게 펴 발라 보세요.

미대엄마의
미술육아

미술놀이 시간이 아이와 엄마의 수다 시간이 되었어요. 마치 요리사가 된 것처럼 식탁에 앉아 함께 미술놀이를 하면서 많은 이야기를 나눌 수 있답니다. 평소에 사용하지 않는 단어들도 놀이를 통해 자연스럽게 배울 수 있어요.
'네가 말을 시작한 이후로 엄마가 얼마나 즐겁고 행복한지 몰라. 작은 입으로 종알종알 신기한 이야기를 들려주면 시간이 멈춘 듯해. 너의 목소리, 발음, 말투 모두 기억할게.'

미대엄마가 알려 드려요!

미대엄마 Q & A

미대엄마에게 SNS로 보내 준 궁금증들을 속시원하게 풀어 드려요.

Q @jjoonmo***(38개월 남아) 엄마의 개입은 어느 정도가 적당할까요?

A 보호자의 개입은 최소화하는 것이 좋아요. 아이가 주도하는 놀이가 될 수 있도록 도와주세요. 엄마의 개입을 아이가 원할 경우, 함께 놀이하되 주연이 아닌 조연을 맡아 주세요.

Q @seoa_park1***(23개월 여아) 엄마의 생각과 다른 방법으로 놀이할 때에는 어떻게 해야 하나요?

A 보호자가 생각하는 미술놀이의 결과를 정해 놓고 아이와 놀이하다 보면 아이가 흥미를 잃을 수 있어요. 아이들과 하는 놀이는 결말을 열어 두고 진행하시는 것이 좋아요.

Q @oil_bl***(6세 여아) 미술 학원에 일찍 가면 창의력이 없어지나요?

A 소위 말하는 그림을 잘 그리는 테크닉 위주의 커리큘럼을 강조하는 미술 학원보다, 아이의 생각과 느낌을 잘 풀어 낼 수 있고 다양한 커리큘럼을 가지고 있는 학원을 추천해요.

Q @jujumom_r***(41개월 여아) 너무 자유롭게만 노는데, 그냥 둬도 미술놀이인가요?

A 아이가 다양한 재료를 가지고 컬러와 질감을 느끼며 노는 것은 큰 의미에서 미술놀이가 맞습니다. 하지만 5세 이상부터는 한자리에 앉아서 그림을 그리거나 만들기를 하는 것에 조금씩 즐거움과 흥미를 갖게 하여, 주의 집중력을 길러 주는 것을 추천해요.

Q @heeji***(45개월 남아) 아이가 자신감 있고 대범해지길 바라는데, 어떤 미술놀이가 도움이 될까요?

A 아이가 좋아하는 놀이 중에서 성취감을 느낄 수 있는 놀이를 많이 하시면 좋아요. 마구 그리거나 끄적거린 듯한 난화 작업을 해도 아트월에 꼭 전시를 한다든지, 공예 작품을 만들어서 실제로 사용하며 성취감을 자주 느끼게 해 주세요. 작은 경험들이 내면의 단단한 자신감을 만들어 낼 거예요. 이런 자신감들이 대범해질 수 있는 자양분이 되겠죠?

Q @h.an***(27개월 남아) 미술놀이는 집중력 있게 잘하는데 혹시 대근육 발달에도 도움이 되는 미술놀이가 있을까요?

A 박스 안과 밖에 그림을 그린 후, 넘어 다니거나 쌓는 놀이가 있어요. 훌라후프에 테이프를 붙이고 작은 색깔공으로 꾸민 뒤 던지며 입체조형을 만드는 놀이도 하면 좋아요.

Q @qkqh***(32개월, 16개월 자매) 아이들이 함께할 수 있는 미술놀이가 있을까요?

A 자매나 남매의 경우, 어린아이도 즐길 수 있을 정도로 간단한 촉감놀이 위주의 놀이를 추천해요. 여러 아이들이 모래놀이를 하며 함께 노는 모습을 떠올려 보세요. 하나의 재료를 가지고 자유롭게 각자의 자리에서 놀 수 있게 해 주면 좋답니다. 아이들의 발달 수준이 비슷하게 맞춰지면 협동 작품을 만드는 미술놀이를 해 보세요.

Q @kimlh*** 계속 늘어나는 아이 작품. 관리 방법을 알려 주세요.

A 그림 그린 종이는 박스에 모아 두었다가 잘라서 색종이처럼 사용해도 좋아요. 입체 작품의 경우 집에 잘 보이는 곳에 일정 기간 전시해 두었다가, 사진을 찍어 두고 폐기하는 편입니다.

Q @happy3mo*** 6세, 7세, 9세 아이들을 집중시키면서 미술놀이를 하는 방법이 있을까요?

A 미술놀이 중간중간 작은 목표를 확인하면서 놀이를 진행해 보세요. 예를 들어 자르기, 붙이기, 꾸미기의 과정 사이사이에 사진을 찍으셔도 좋고, 단체 미술놀이라면 서로 이야기를 나누는 시간을 갖는 것도 좋아요.

Q @yeon_ra*** 스트레스 풀리는 미술놀이가 있을까요?

A 종이를 찢어서 다시 뭉치고 던지는 미술놀이, 점토를 마음껏 두들긴 후 형태를 만드는 놀이, 큰 화면에 스프레이를 뿌리거나 물감 공을 던지며 노는 미술놀이 등 활동적인 미술놀이들을 추천해요.

Q @ho*** 미술놀이를 할 때 가장 중요한 3가지는 무엇인가요?

A 첫 번째, 즐거움. 두 번째, 자유로움. 세 번째, 느끼고 생각하기.

Q @ydghns*** 정리 정돈하는 꿀팁 알려 주세요!

A 뚜껑 있는 투명한 박스에 재료별로 넣어 정리하고 있어요. 아주 큰 종이는 돌돌 말아서 세워 보관하고, 작은 종이들은 상자에 보관해요. 자주 사용하는 물감이나 붓 등은 화구박스 하나에 넣어서 정리해도 편해요.

Q @jk7*** 미술놀이를 시작하기 좋은 시기는 언제인가요?

A 명화를 보는 태교를 하면서도 미술놀이를 시작할 수 있어요. 신생아 때도 로션을 바르면서 촉감놀이는 이미 시작됩니다.

Q @nyang_lov*** 엄마표 미술놀이에서 미술교육으로 가는 방법이 있나요?

A 엄마표 미술은 말 그대로 엄마와 함께 즐기는 미술 '놀이'입니다. 미술 '교육'은 교육 전문가들이 이론적인 연구와 실기를 통해 진행하죠. 하지만 보호자가 미술교육에 대한 이해도가 높다면, 어느 정도 선까지는 가능하다고 생각해요.

Q @flower_gira*** 미술놀이가 언어, 수학, 음악 등 다른 분야에 미치는 영향은 어떤 것이 있을까요?

A 미술놀이를 하면서 아이들은 집중 시간을 늘려 나갑니다. 또한, 좌뇌와 우뇌를 골고루 발달시킬 수 있기 때문에 아이들이 학습해야 할 시기에 다른 분야에도 도움을 줄 수 있어요.

Q @apple_min*** 활발한 아이에게는 어떤 미술놀이가 좋을까요?

A 퍼포먼스성 성격을 띠는 미술놀이를 통해 에너지를 발산하는 것, 집중력과 관찰력을 기르는 미술놀이를 균형적으로 함께하는 것을 추천해요.

Q @ramhoi*** 그림을 정말 못 그리는 엄마도 아이와 엄마표 미술놀이를 할 수 있을까요?

A 네. 미술놀이는 아이에게 그림을 가르치는 것이 아닙니다. 아이와 놀이하는 하나의 방법으로 미술의 힘을 빌린다고 생각하시면 좋아요. 그림을 못 그리는 건 아이와 즐겁게 노는 데 전혀 걸림돌이 되지 않습니다.

Q @cindy_r*** 긴 준비 과정에 비해 아이의 낮은 흥미, 낮은 참여율을 어떻게 하면 좋을까요?

A 주로 놀이 초반의 동기 유발이 아이들의 흥미와 참여도를 결정해요. 말귀를 조금씩 알아듣기 시작하는 아이들은 재료 자체로 흥미를 가질 수 있고, 본인의 생각을 말로 표현할 수 있는 아이들은 관심도가 높은 이야기와 연결하여 동기를 유발할 수 있어요.

Q @luv_ge*** 4살 남아가 미술을 좋아해요. 앞으로도 흥미를 유지시켜 줄 수 있는 방법이 있을까요?

A 미술을 즐길 수 있도록 관심의 폭을 넓혀 주세요. 미술관에 가는 것도 미술활동의 일부이고, 명화 이야기를 듣는 것도 미술에 대한 흥미를 잃지 않는 방법입니다. 꼭 그림을 그리는 활동만 미술이라고 생각하지 않으셔도 돼요. 엄마가 '미술활동'의 범위를 크게 생각하시면 아이가 미술을 바라보는 시선이 넓어지면서, 흥미를 오랫동안 유지할 수 있을 거라고 생각해요.

미대엄마와 함께하는 초간단 미술놀이

초판 1쇄 발행 2022년 3월 3일
초판 8쇄 발행 2025년 4월 15일

지은이 | 최미연
펴낸이 | 유성권

편집장 | 윤경선
기획·편집 | 상컴퍼니
편집 | 김효선, 조아윤
홍보 | 윤소담, 박채원
디자인 | 박상희, 이시은, 박승아
교열 | 강지예, 박재언
촬영 협조 | 안예나, 신예담, 최혜연
마케팅 | 김선우, 강성, 최성환, 박혜민, 김현지
제작 | 장재균
물류 | 김성훈, 강동훈

펴낸곳 | (주)이퍼블릭
출판등록 | 1970년 7월 28일, 제1-170호
주소 | 서울시 양천구 목동서로 211 범문빌딩(07995)
대표전화 | 02-2653-5131
팩스 | 02-2653-2455
메일 | loginbook@epublic.co.kr
인스타그램 | www.instagram.com/book_login
블로그 | blog.naver.com/epubliclogin
홈페이지 | www.loginbook.com

· 이 책은 저작권법으로 보호받는 저작물이므로 무단전재와 복제를 금지하며 이 책 내용의 전부 또는 일부를 이용하려면 반드시 저작권자와 ㈜이퍼블릭의 서면 동의를 받아야 합니다.
· 잘못된 책은 구입처에서 교환해 드립니다.
· 책값과 ISBN은 뒤표지에 있습니다.

로그인은 (주)이퍼블릭의 어학·자녀교육·실용 브랜드입니다.